国家"双一流"建设学科
辽宁大学应用经济学系列丛书
══ 青年学者系列 ══
总主编◎林木西

中国农村集体经济高质量发展研究

Research on the High-Quality Development of China's Rural Collective Economy

沈秋彤 著

中国财经出版传媒集团
经济科学出版社
Economic Science Press

图书在版编目（CIP）数据

中国农村集体经济高质量发展研究/沈秋彤著. --北京：经济科学出版社，2021.12
（辽宁大学应用经济学系列丛书. 青年学者系列）
ISBN 978-7-5218-3232-7

Ⅰ.①中… Ⅱ.①沈… Ⅲ.①农村经济-集体经济-经济发展-研究-中国 Ⅳ.①F320.3

中国版本图书馆 CIP 数据核字（2021）第 248411 号

责任编辑：于 源 冯 蓉
责任校对：王苗苗
责任印制：范 艳

中国农村集体经济高质量发展研究

沈秋彤 著

经济科学出版社出版、发行 新华书店经销
社址：北京市海淀区阜成路甲 28 号 邮编：100142
总编部电话：010-88191217 发行部电话：010-88191522
网址：www.esp.com.cn
电子邮箱：esp@esp.com.cn
天猫网店：经济科学出版社旗舰店
网址：http：//jjkxcbs.tmall.com
北京季蜂印刷有限公司印装
710×1000 16 开 14 印张 210000 字
2022 年 7 月第 1 版 2022 年 7 月第 1 次印刷
ISBN 978-7-5218-3232-7 定价：58.00 元
(图书出现印装问题，本社负责调换。电话：010-88191510)
(版权所有 侵权必究 打击盗版 举报热线：010-88191661
QQ：2242791300 营销中心电话：010-88191537
电子邮箱：dbts@esp.com.cn)

本书出版受到辽宁省社会科学规划基金青年项目"辽宁省数字赋能乡村产业融合的机制及对策研究"（L21CJY013）和2021年度辽宁大学青年科研基金一般项目"要素市场化配置推动农村集体经济发展的机制、路径与对策"（LDQN2021009）的资助。

总　序

本丛书为国家"双一流"建设学科"辽宁大学应用经济学"系列丛书，也是我主编的第三套系列丛书。前两套系列丛书出版后，总体看效果还可以：第一套是《国民经济学系列丛书》（2005年至今已出版13部），2011年被列入"十二五"国家重点出版物出版规划项目；第二套是《东北老工业基地全面振兴系列丛书》（共10部），在列入"十二五"国家重点出版物出版规划项目的同时，还被确定为2011年"十二五"规划400种精品项目（社科与人文科学155种），围绕这两套系列丛书取得了一系列成果，获得了一些奖项。

主编系列丛书从某种意义上说是"打造概念"。比如说第一套系列丛书也是全国第一套国民经济学系列丛书，主要为辽宁大学国民经济学国家重点学科"树立形象"；第二套则是在辽宁大学连续主持国家社会科学基金"八五"至"十一五"重大（点）项目，围绕东北（辽宁）老工业基地调整改造和全面振兴进行系统研究和滚动研究的基础上持续进行探索的结果，为促进我校区域经济学学科建设、服务地方经济社会发展做出贡献。在这一过程中，既出成果也带队伍、建平台、组团队，使得我校应用经济学学科建设不断跃上新台阶。

主编这套系列丛书旨在使辽宁大学应用经济学学科建设有一个更大的发展。辽宁大学应用经济学学科的历史说长不长、说短不短。早在1958年建校伊始，便设立了经济系、财税系、计统系等9个系，其中经济系由原东北财经学院的工业经济、农业经济、贸易经济三系合成，财税系和计统系即原东北财经学院的财信系、计统系。1959年院系调整，将经济系留在沈阳的辽宁大学，将财税系、计统系迁到大连组建辽宁财经学院（即现东北财经大学前身），将工业经济、农业经济、贸易经济三个专业的学生培养到毕业为止。由此形成了辽宁大学重点发展理论经济学（主要是政治经济学）、辽宁财经学院重点发展应用经济学的大体格局。实际上，后来辽宁大学也发展了应用经济学，东北财经大学也发展了理论经济学，发展得都不错。1978年，辽宁大学恢复招收工业经济本科生，1980年受人民银行总行委托、经教育部批准开始招收国际金融本科生，1984年辽宁大学在全国第一批成立了经济管理学院，增设计划统计、会计、保险、投资经济、国际贸易等本科专业。到20世纪90年代中期，辽宁大学已有西方经济学、世界经济、国民经济计划与管理、国际金融、工业经济5个二级学科博士点，当时在全国同类院校似不多见。1998年，建立国家重点教学基地"辽宁大学国家经济学基础人才培养基地"。2000年，获批建设第二批教育部人文社会科学重点研究基地"辽宁大学比较经济体制研究中心"（2010年经教育部社会科学司批准更名为"转型国家经济政治研究中心"）；同年，在理论经济学一级学科博士点评审中名列全国第一。2003年，在应用经济学一级学科博士点评审中并列全国第一。2010年，新增金融、应用统计、税务、国际商务、保险等全国首批应用经济学类专业学位硕士点；2011年，获全国第一批统计学一级学科博士点，从而实现经济学、统计学一级学科博士点"大满贯"。

在二级学科重点学科建设方面，1984年，外国经济思想史（即后来的西方经济学）和政治经济学被评为省级重点学科；1995年，西方经济学被评为省级重点学科，国民经济管理被确定为省级重点扶持学科；1997年，西方经济学、国际经济学、国民经济管理被评为省级重点学科和重点扶持学科；2002年、2007年国民经济学、世界经济连续两届被评为国家重点学科；2007年，金融学被评为国家重点学科。

在应用经济学一级学科重点学科建设方面，2017年9月被教育部、财政部、国家发展和改革委员会确定为国家"双一流"建设学科，成为东北地区唯一一个经济学科国家"双一流"建设学科。这是我校继

1997年成为"211"工程重点建设高校20年之后学科建设的又一次重大跨越,也是辽宁大学经济学科三代人共同努力的结果。此前,2008年被评为第一批一级学科省级重点学科,2009年被确定为辽宁省"提升高等学校核心竞争力特色学科建设工程"高水平重点学科,2014年被确定为辽宁省一流特色学科第一层次学科,2016年被辽宁省人民政府确定为省一流学科。

在"211"工程建设方面,在"九五"立项的重点学科建设项目是"国民经济学与城市发展"和"世界经济与金融","十五"立项的重点学科建设项目是"辽宁城市经济","211"工程三期立项的重点学科建设项目是"东北老工业基地全面振兴"和"金融可持续协调发展理论与政策",基本上是围绕国家重点学科和省级重点学科而展开的。

经过多年的积淀与发展,辽宁大学应用经济学、理论经济学、统计学"三箭齐发",国民经济学、世界经济、金融学国家重点学科"率先突破",由"万人计划"领军人才、长江学者特聘教授领衔,中青年学术骨干梯次跟进,形成了一大批高水平的学术成果,培养出一批又一批优秀人才,多次获得国家级教学和科研奖励,在服务东北老工业基地全面振兴等方面做出了积极贡献。

编写这套《辽宁大学应用经济学系列丛书》主要有三个目的:

一是促进应用经济学一流学科全面发展。以往辽宁大学应用经济学主要依托国民经济学和金融学国家重点学科和省级重点学科进行建设,取得了重要进展。这个"特色发展"的总体思路无疑是正确的。进入"十三五"时期,根据"双一流"建设需要,本学科确定了"区域经济学、产业经济学与东北振兴""世界经济、国际贸易学与东北亚合作""国民经济学与地方政府创新""金融学、财政学与区域发展""政治经济学与理论创新"五个学科方向。其目标是到2020年,努力将本学科建设成为立足于东北经济社会发展、为东北振兴和东北亚区域合作做出应有贡献的一流学科。因此,本套丛书旨在为实现这一目标提供更大的平台支持。

二是加快培养中青年骨干教师茁壮成长。目前,本学科已形成包括长江学者特聘教授、国家高层次人才特殊支持计划领军人才、全国先进工作者、"万人计划"教学名师、"万人计划"哲学社会科学领军人才、国务院学位委员会学科评议组成员、全国专业学位研究生教育指导委员会委员、文化名家暨"四个一批"人才、国家"百千万"人才工程入选者、国家级教学名师、全国模范教师、教育部新世纪优秀人才、教育部高等学校教学指导委员会主任委员和委员、国家社会科学基金重大项目首席专家等在内的学科团队。本丛书设学术、青年学者、教材、智库四个子系列，重点出版中青年教师的学术著作，带动他们尽快脱颖而出，力争早日担纲学科建设。

三是在新时代东北全面振兴、全方位振兴中做出更大贡献。面对新形势、新任务、新考验，我们力争提供更多具有原创性的科研成果、具有较大影响的教学改革成果、具有更高决策咨询价值的智库成果。丛书的部分成果为中国智库索引来源智库"辽宁大学东北振兴研究中心"和"辽宁省东北地区面向东北亚区域开放协同创新中心"及省级重点新型智库研究成果，部分成果为国家社会科学基金项目、国家自然科学基金项目、教育部人文社会科学研究项目和其他省部级重点科研项目阶段研究成果，部分成果为财政部"十三五"规划教材，这些为东北振兴提供了有力的理论支撑和智力支持。

这套系列丛书的出版，得到了辽宁大学党委书记周浩波、校长潘一山和中国财经出版传媒集团副总经理吕萍的大力支持。在丛书出版之际，谨向所有关心支持辽宁大学应用经济学建设与发展的各界朋友，向辛勤付出的学科团队成员表示衷心感谢！

林木西

2019 年 10 月

序　言

改革开放后中国农村实行的家庭联产承包责任制极大调动了农民生产的积极性，但是统分结合双层经营体制中的"统"怎么适应市场经济一直没有得到很好的体现。当前，我国社会的主要矛盾已经转化为人民日益增长的美好生活需要和不平衡不充分的发展之间的矛盾。在农村，作为"统"的重要载体农村集体经济发展不平衡不充分的问题越来越受到重视。

党的十八大以来，习近平总书记就乡村振兴、农村经济高质量发展、城乡融合等"三农"问题做出了一系列重要论述，多次强调要重视农村集体经济发展，对农村要素市场化、完善产权制度、促进规模化经营等与农村集体经济密切相关的内容进行了多次强调。2018年开始，中共中央强调要让农村集体适应市场经济以促进其不断壮大；2019年党的十九届四中全会强调要"构建更加完善的要素市场化配置体制机制"，要"加快农村集体经济发展以带动农业农村现代化发展和乡村全面振兴"；2021年，"十四五"规划中对农村集体经济的集体收益分配、宅基地"三权分置"、集体经营性建设用地入市制度提出了新的要求，要发展新型农村集体经济。可见，中国农村集体经济的发展就是要不断适应市场机制，找到不断释放其潜能的方式与路径。

进一步地，自党的十九大首次提出"经济高质量发展"以来，学术界对经济高质量发展的研究大量涌现，主要集中于工业经济、区域经济以及省域经济等领域，而对农村集体经济高质量发展的研究相对不足。虽然目前农村集体经济未能充分发挥其在中国特色社会主义市场经济中应有的作用，但适应新时代市场发展趋势，走高质量发展之路是新时代农村集体经济发展的必由之路。

因此，明晰中国农村集体经济高质量发展的核心内涵，逐步促进市场机制约束下的农村集体经济发展，尤其是探究中国农村集体经济如何高质量发展，对于推进乡村振兴及城乡高度融合，具有重要的理论与现实意义。

本书以中国农村集体经济高质量发展为研究对象，按照"明晰内涵→机理分析→现状特征→水平测度→影响因素→结论建议"的思路展开研究。研究内容主要包括：明晰中国农村集体经济高质量发展的内涵、中国农村集体经济高质量发展影响因素及作用机制、当前中国农村集体经济高质量发展现状及特征、中国农村集体经济高质量发展指标评价体系构建与水平测度、影响因素实证分析、结论及对策建议。本书共分为八章：第一章为导论，包括问题的提出、研究意义、研究思路、研究方法、基本框架结构、主要创新点和不足。第二章为文献综述，从国内、国外两个层面对中国农村集体经济高质量发展的相关研究进行了梳理分析。第三章为理论基础，对中国农村集体经济和中国农村集体经济高质量发展这两个核心概念进行了定义，从内涵和外延两个角度加以解释。第四章为机理分析，构建了中国农村集体经济高质量发展理论模型，对中国农村集体经济高质量发展影响因素及机制进行了理论分析。第五章对中国农村集体经济高质量发展现状（影响因素）及特征进行了分析。第六章使用 MATLAB 软件，采用纵横向拉开档次法对中国农村集体经济高质量发展水平进行了测度，并从全国、四大区域及省域角度来分析农村集体经济高质量发展水平变化趋势。第七章为影响因素计量分析，通过使用 Stata 软件，运用面板分位数回归模型分析了五大影响因素（十个解释变量）对中国整体及四大区域农村集体经济高质量发展水平的影响程度和影响方向。第八章为研究结论及对策建议，从影响因素和机制运行两大角度对提高中国农村集体经济高质量发展提出了对策建议。

本书通过以上章节的研究，得到的主要结论包括：(1) 中国农村集体经济高质量发展具有独特的逻辑体系：制度（规则）、技术（生产函数）和资源（生产要素）是最主要的三个影响因素。影响因素之间的作用机制是：产权明晰→要素市场化→适度规模化→现代化，四大机制要素均能在单方向上直接促进中国农村集体经济高质量发展，它们之间所具有的多向联动作用也会间接促进农村集体经济高质量发展。(2) 中国农村集体经济高质量发展整体上波动上升、稳中有进，但是区域不平衡现象突出，省份之间的差别也较大，高水平和中高水平省份数量增加，中低水平和低水平省份数量减少，且每一个分项水平的时间趋势都不同。(3) 农村集体经济高质量发展影响因素区域特色鲜明。不同年份、不同分位数水平上中国农村集体经济高质量发展水平呈现出不同状态。影响因素对不同区域农村集体经济高质量发展的影响方向和影响程度不同。

目 录

第一章 导论 …………………………………………………… 1

第二章 国内外文献综述 ……………………………………… 13
 第一节 农村集体经济思想与理论 …………………………… 13
 第二节 农村集体经济发展运行机制及影响因素 …………… 19
 第三节 农村集体经济发展水平及路径 ……………………… 28
 第四节 文献述评 ……………………………………………… 31

第三章 农村集体经济高质量发展理论基础 ………………… 34
 第一节 中国农村集体经济高质量发展基本概念 …………… 34
 第二节 农村集体经济高质量发展相关理论 ………………… 42

第四章 中国农村集体经济高质量发展机理分析 …………… 49
 第一节 中国农村集体经济高质量发展理论模型 …………… 49
 第二节 中国农村集体经济高质量发展影响因素 …………… 59
 第三节 中国农村集体经济高质量发展单向机制 …………… 66
 第四节 中国农村集体经济高质量发展多向联动机制 ……… 74

第五章 中国农村集体经济高质量发展现状和
   特征的描述性分析 …………………………………… 79
 第一节 中国农村集体经济总收入及增速发展现状 ………… 79

第二节　中国农村集体经济高质量发展影响因素现状 ………… 84
第三节　中国农村集体经济高质量发展特征…………………… 103

第六章　中国农村集体经济高质量发展水平测度………………… 107

第一节　指标体系构建…………………………………………… 107
第二节　整体水平分析…………………………………………… 121
第三节　分项水平分析…………………………………………… 132

第七章　中国农村集体经济高质量发展影响因素计量分析 ……… 142

第一节　指标体系构建…………………………………………… 142
第二节　计量模型设定…………………………………………… 146
第三节　全国面板分位数模型估计结果………………………… 154
第四节　地区面板分位数模型估计结果………………………… 159

第八章　研究结论及对策建议……………………………………… 173

第一节　研究结论………………………………………………… 173
第二节　对策建议………………………………………………… 177

参考文献……………………………………………………………… 184
后记…………………………………………………………………… 207

第一章

导　论

一、研究背景

中国农村集体经济形成于 20 世纪 50 年代的农业合作化运动，沿着"互助组—初级社—高级社—人民公社"四个主要阶段形成。人民公社"政社合一"①，过分追求"一大二公"② 和"一平二调"③，高度集中的劳动方式和平均主义严重损害了农民生产的积极性。为恢复农村生产力的发展，1978 年，以党的十一届三中全会为标志进行了一系列农村改革，在之后的 40 多年里，农村土地制度经历了从集体所有、统一经营，到集体所有权、土地承包经营权"两权分离"，再到集体所有权、农户承包权、土地经营权"三权分置"的转变。农村土地所有权与使用权分离，农民在自己承包经营的土地上可以自主决定种植什么。家庭经营解决了有效激励不足和搭便车的问题，极大调动了农民的热情，农民的生产力被释放，实现了生活的温饱。

改革开放 40 多年，随着农村市场经济的发展，在与市场的博弈中，

---

① "政社合一"指人民公社既是行政组织同时又是经济组织。
② "一大二公"指的是人民公社规模大、公有化程度高。
③ "一平二调"指"平均主义""无偿调拨"。

农民逐渐成为弱势群体，家庭经营也越来越不能够承担起专业化、社会化、规模化、现代化的重担。对于一些不适合家庭承包经营的活动，双层经营体制中的"统一经营"，可以弥补家庭经营的缺陷。虽然农村集体经济一直是农村经济的有机组成部分之一，但长期以来，对"分"过度重视、对"统"普遍忽视，导致农村集体经济发展缓慢、资产薄弱、收入来源单一、空壳村较多。

农村集体经济是农村组织运转和农村社会事业发展的经济基础，是社会主义公有制经济在农村的重要表现形式，也是农村统分结合双层经营体制的重要表现形式。中国向来重视农村集体经济的发展，党的十四大后几乎每届三中全会和党代表大会都会讲到发展和壮大农村集体经济，2012年后每年中央一号文件也都有相关内容，2015年和2016年还分别出台了两个专门性文件①来鼓励农村集体经济发展。壮大农村集体经济作为乡村振兴战略的重要内容被写入党的十九大报告，并强调要"深化农村集体产权制度改革，保障农民财产权益"。从2018年开始，中共中央对壮大农村集体经济的规划还加入了要"适应市场经济"。2018年中央一号文件强调，"建立符合市场经济要求的农村集体经济运行机制"。2019年党的十九届四中全会再次强调，"发展农村集体经济，完善农村集体经营制度"，同时首次提出了"健全劳动、资本、土地、知识、技术、管理、数据等生产要素由市场评价贡献、按贡献决定报酬的机制"。2020年3月，中共中央专门出台了《关于构建更加完善的要素市场化配置体制机制的意见》，提出要"推进土地、劳动、资本、技术、数据等要素市场化配置"。可见，农村集体经济发展和壮大已经面临高质量发展和市场化配置的要求。近年来，更是反复提到要加快农村集体经济发展以带动农业农村现代化发展和乡村全面振兴。党的十九届五中全会提出"要优先发展农业农村，全面推进乡村振兴"。2021年3月，"十四五"规划中提出要"积极探索实施农村集体经营性建设用地

---

① 2015年财政部发布了《扶持村级集体经济发展试点的指导意见》，2016年中共中央国务院印发了《关于稳步推进农村集体产权制度改革的意见》。

入市制度，探索宅基地所有权、资格权、使用权分置实现形式，保障进城落户农民土地承包权、宅基地使用权、集体收益分配。深化农村集体产权制度改革，发展新型农村集体经济"。

2017年党的十九大首次提出"经济高质量发展"概念，中国越来越重视经济高质量发展。社会各界及学界纷纷开始研究经济高质量发展，包括对高质量发展内涵的研究、高质量发展指标体系构建及高质量发展水平的测度。对经济高质量发展的覆盖范围逐渐细化，从对中国经济整体进行高质量发展的分析，到对工业部门进行高质量发展的分析，但唯独没有对中国农村集体经济的高质量发展进行研究。

随着乡村振兴战略、城乡协调发展战略的深入实施和推进，对中国农村集体经济发展提出了新的要求。农业农村现代化的发展不能够光靠势单力薄的农民，而要依靠农村集体经济，迫切需要发展农村集体经济来延续和弥补家庭联产承包责任制带来的激励和不足，迫切需要农村集体经济高质量发展来实现农民共同富裕和农业农村现代化。农村集体经济高质量发展能够增强农村集体基础设施建设，培养农民的市场意识、合作意识、法律意识等，从而深刻地改变农民的风貌，使得广大农民能够共享经济高质量发展和农村经济改革的成果。

新时代农村集体经济发展与传统农村集体经济发展具有很大的不同，而且在经济高质量发展背景下，中国农村集体经济高质量发展也具有不同的特征、规律以及趋势。中国农村集体经济高质量发展影响着中国农村经济及农业经济高质量发展，影响着乡村振兴战略、城乡协调发展战略的实施效果。因此，对中国农村集体经济高质量发展进行研究是经济高质量发展研究中的应有之义。

二、研究中国农村集体经济高质量发展的价值

1. 理论价值

一是丰富了经济高质量发展理论的研究内容。对经济发展速度和经济发展质量的研究一直是学界和社会各界研究的重点，自党的十九大首

次提出"经济高质量发展"后,中国才从对"经济发展质量"的研究逐渐转到"经济高质量发展"的研究上。经济高质量发展除了要关注经济发展的数量和速度,更要关注经济发展的可持续性、环境保护和资源有效利用。还要关注以人为本,注重人本关怀,重视经济发展过程中人民的幸福度,共享经济发展成果。还要重视治理能力和治理体系的现代化,做到经济发展中政府治理有效。

二是丰富了中国农村集体经济发展理论的研究。对中国农村集体经济的研究主要集中在形成、历史、现状、实现形式等几个方面,对农村集体经济内涵的研究也进行了经济上和法律上的探讨,但是目前来看仍没有统一内涵。本书对中国农村集体经济的这个核心概念进行了再界定,并结合经济高质量发展概念,对中国农村集体经济高质量发展的内涵和外延也进行了解释,以及对中国农村集体经济高质量发展的逻辑和机理进行了深入分析,这些都丰富了中国农村集体经济发展的理论研究。党的十八大以来,习近平总书记更加高度重视农村集体经济发展,提出了农村要素市场化、完善产权制度、规模化经营以及农业农村优先发展和农业农村现代化发展等一系列论述,丰富了中国农村集体经济发展理论。

三是丰富了马克思主义经济学和西方经济学对农村集体经济的研究。集体经济是少数社会主义国家采用的公有制实现形式,西方国家主要是结合合作社研究合作经济,国外学者对中国农村集体经济的研究也主要集中在乡镇企业方面。因此,本书对中国农村集体经济高质量发展的研究丰富了马克思主义经济学和西方经济学对农村集体经济的研究。

四是丰富了中国城乡协调发展战略、乡村振兴战略和农业农村现代化发展的理论研究。在理论上,中国城乡协调发展战略、乡村振兴战略和农业农村现代化发展中都包含着农村集体经济发展及农村集体经济高质量发展,但是农村集体经济高质量发展的侧重点和目标与上述战略并不相同,因此在理论研究上也会以不同的研究方法和不同的研究视角进行深入研究,这些都丰富了战略的理论研究内容。

2. 实践价值

自 2017 年党的十九大提出了"经济高质量发展"以后,各界对经济高质量发展的研究如雨后春笋般涌出，主要包括对工业经济、区域经济以及对省域经济高质量发展的研究，唯独缺少了对农村集体经济高质量发展的研究。农村集体经济一直是中国农村经济的重要组成部分，研究农村集体经济高质量发展问题是深化农村改革的客观要求，是推进国家治理体系和治理能力现代化的客观要求，是中国经济社会发展特定历史阶段的客观要求。研究农村集体经济高质量发展，对深化农村供给侧结构性改革、优化农村生产要素配置、完善乡村治理结构，提高公共物品供给能力具有重大意义。本书对农村集体经济高质量发展的研究，具有以下实践价值：

一是农村集体经济高质量发展有助于正确处理国家、集体、农民三者的利益分配关系，有利于集体资产保值增值，增加农民收入，保护农民享有集体资产的合法权益，调动农民发展现代化农业的积极性，共享经济发展成果，对引领农民实现共同富裕具有深远的历史意义。

二是农村集体经济高质量发展有利于理清产权关系、适应市场经济、提高农村要素市场化配置效率、实现适度规模化发展和现代化发展。农村集体经济发展过程中最重要的是劳动力、土地、资本、技术、数据、管理和服务等要素的配置，随着市场经济的发展以及成熟，中国农村集体经济已经不能适应社会主义市场经济体制的发展，需要不断深化农村集体产权制度改革，提高农民参与市场经济的能力，提高要素配置效率。农村集体经济高质量发展可以解决农民与市场之间的矛盾，增强其提供公共物品的能力，使农民在市场经济下更好地进行农业生产，提高农民市场主体地位。

三是农村集体经济高质量发展是城乡协调发展、乡村振兴战略和农业农村现代化的关键一环，是巩固和发展公有制经济的重要组成部分，是坚持和完善社会主义经济制度，推动经济高质量发展的必由之路。中国农村集体经济是整体经济系统的一个子系统，习近平总书记将农村集体经济放在"三农"问题、乡村振兴战略、城乡协调发展等一系列发展战略下统筹考虑、统筹规划。农村集体经济高质量发展有助于完善农村社会治理，巩固中国共产党在农村的执政基础。农村集体经济高质量发展的内在规律和一般规律对指导中国未来农村经济发展以及农业农村现代化十分有益。

三、研究方法的选择

本书首先用到的是文献分析法。文献来源主要是国内外期刊文献、专著、教材、报纸、报告、各种类型的数据库、统计年鉴、统计年报等。对收集到的文献进行整理、分析、归纳和总结，得出相应的参考依据。中国农村集体经济是中国农村经济中的一个子系统，也是中国整体经济中的一个子系统，这个子系统与其他子系统有相互关系，对中国农村集体经济的研究应该在中国整体经济发展和中国农村经济发展的范畴内考虑，因此本书也用到了系统分析法。系统分析法是将所研究的对象放入一个整体系统中去研究，每一个被研究对象都可以看作一个系统。将研究对象当作一个系统进行研究，研究具有全面性。从另一个角度来看，如果把中国农村集体经济本身作为一个大系统，那么在这个完整的大系统中，又包含着若干个子系统，包括影响因素和运行机制等。因此对本书所研究的对象应该从各个角度、各个层面进行综合分析，以探索出中国农村集体经济高质量发展的机理、路径和对策建议。

中国农村集体经济高质量发展与中国经济高质量发展具有相似性，也具有相异性，因此，本书其次用到了比较分析法。通过比较中国农村集体经济高质量发展与中国经济高质量发展的异同，对中国农村集体经济及中国农村集体经济高质量发展的内涵进行再界定。研究高质量发展的标准应该是什么以及中国农村集体经济高质量发展的内涵应该是什么属于规范性分析。在研究农村集体经济高质量发展逻辑体系、运行机制方面也用到了比较分析法。通过对不同地区、不同时间农村集体经济高质量发展水平的比较，找到中国农村集体经济高质量发展的变化趋势以及不同因素对其的影响。

最后，对农村集体经济高质量发展现状、问题、影响因素、运行机制研究过程中使用到定性分析法。对分析农村集体经济高质量发展现状中各个方面的时间趋势运用到了定量分析法和实证分析法。对测度中国农村集体经济高质量发展水平使用了综合评价方法中的纵横向拉开档次法，该方法比熵值法和熵权 TOPSIS 方法更适用于面板数据。在对农村集体经济高质量发展影响因素方面，使用了计量方法中的面板分位数回归方法，能够分析出在不同的集体经济高质量发展阶段，影响因素对农村集体经济高质量发展的影响程度和影响方向。

四、主要内容及研究思路

1. 主要内容

本书总共八章，整体划分为三个部分：

第一部分是本书的基础研究，包括第一章、第二章和第三章。第一章为导论，主要涵盖了中国农村集体经济高质量发展的研究背景，从理论角度和现实角度提出了研究意义，明确了研究思路和研究方法，对创新点及不足进行了阐述。第二章为国内外文献综述，包括了对中国农村集体经济思想与理论、发展阶段、发展和运行机制、影响因素、发展水平、发展路径的研究，并进行了文献述评。第三章为农村集体经济高质量发展理论基础，包括对中国农村集体经济概念的再界定、对经济高质量发展内涵的梳理以及对中国农村集体经济高质量发展这个核心概念的定义，还包括经济高质量发展相关理论。

第二部分是本书的研究主体，包括第四章、第五章、第六章和第七章。第四章为机理分析，构建了中国农村集体经济发展理论模型，对农村集体经济高质量发展影响因素及其之间的作用机制进行了理论分析。第五章为现状分析，包括中国农村集体经济高质量发展的现状及特征。第六章是农村集体经济高质量发展水平测度，使用 MATLAB 软件对中国 30 个省份 2004~2018 年 31 个指标的面板数据采取纵横向拉开档次法生成各指标权重，并使用综合评价法测度出中国农村集体经济高质量发展水平，从全国整体、四大区域和省域三个角度来分析中国农村集体经济高质量发展水平的变化。第七章是影响因素的计量分析，使用 Stata 软件，构建面板分位数回归模型分析了五大影响因素（十个解释变量）对中国农村集体经济高质量发展水平的影响程度和影响方向。

第三部分是第八章，研究结论及对策建议。这一部分根据中国农村集体经济高质量发展的现状、内涵、特征、实证结果提出了中国农村集体经济高质量发展的对策建议。

2. 研究思路

本书的研究思路是以核心逻辑引导具体研究内容，以研究方法指导具体研究内容。核心逻辑包括"明晰背景、提出问题—厘清内涵、创新理论—逻辑体系、机制分析—指标体系、实证研究—确定结论、选择对策"，如图 1-1 所示。

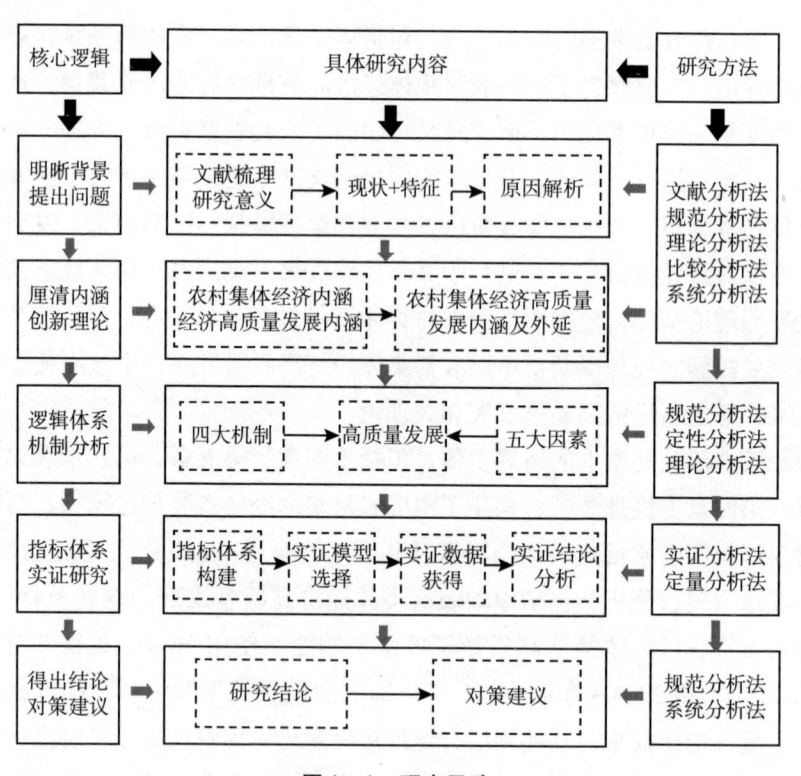

图 1-1 研究思路

"明晰背景、提出问题"的具体研究思路是从梳理相关文献入手，分析中国农村集体经济高质量发展的研究意义、现状、特征、存在的问题和原因，具体涉及发展阶段、运行机制、影响因素、发展水平和发展路径。所使用的研究方法有文献分析法、规范分析法、理论分析法、比较分析法、系统分析法。

"厘清内涵、创新理论"的具体研究思路是以中国特色社会主义农村集体经济高质量发展思想为理论基础，通过梳理文献中农村集体经济内涵和经济高质量发展内涵，对中国农村集体经济高质量发展这个核心概念重新进行界定，从内涵和外延两个角度进行详细解释。所使用的研究方法有文献分析法、规范分析法、理论分析法、比较分析法和系统分析法。

"逻辑体系、机制分析"的具体研究思路是以中国农村集体经济高质量发展内涵为基础，提出制度创新、技术创新、人力资本、资金投入、土地是中国农村集体经济高质量发展的五大影响因素，构建"产权—市场化—规模化—现代化"农村集体经济高质量发展"三圈式"运行机制。所使用的研究方法有规范分析法、定性分析法、理论分析法。

"指标体系、实证研究"的具体研究思路是，通过收集中国30个省份2004~2018年的面板数据，使用相关的计量方法和统计方法，生成各指标的权重并测度最终的发展水平，考察五大影响因素（十个解释变量）对农村集体经济高质量发展的影响程度和影响方向。所使用的研究方法有实证分析法和定量分析方法。

"得出结论、选择对策"的具体研究思路是通过以上分析得出中国农村集体经济高质量发展的最终结论，并提出对策建议。所使用的研究方法有规范分析法和系统分析法。

3. 基本框架

本书的研究主题是中国农村集体经济高质量发展，基本框架结构如图1-2所示。

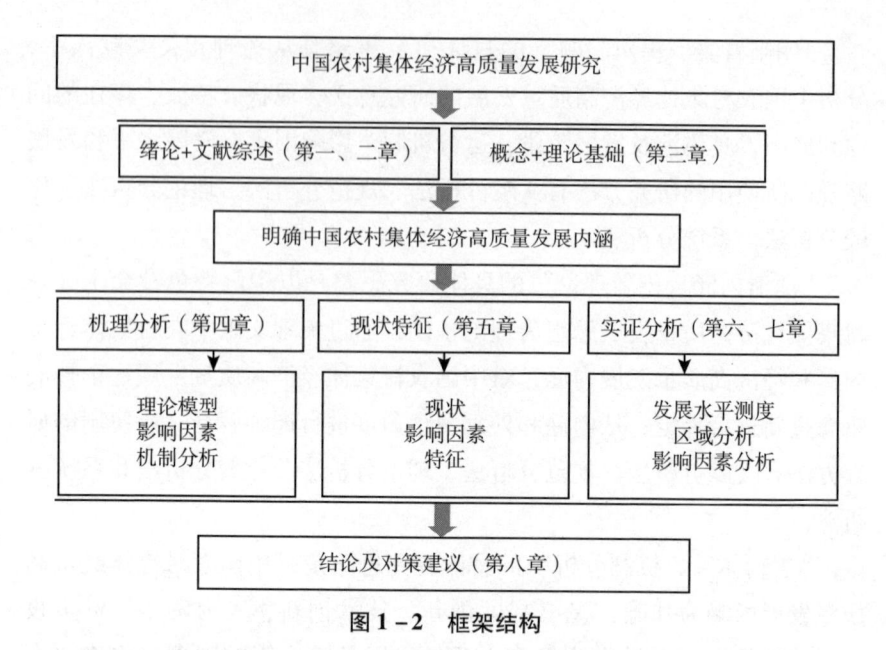

```
                    ┌─────────────────────────────┐
                    │  中国农村集体经济高质量发展研究  │
                    └──────────────┬──────────────┘
                ┌──────────────────┴──────────────────┐
        ┌───────┴────────────┐              ┌─────────┴─────────┐
        │绪论+文献综述(第一、二章)│              │概念+理论基础(第三章)│
        └────────────────────┘              └─────────┬─────────┘
                    ┌─────────────────────────────────┘
                    ▼
        ┌─────────────────────────────────────┐
        │明确中国农村集体经济高质量发展内涵         │
        └─────────────────┬───────────────────┘
        ┌────────────┬────┴──────────┬──────────────┐
┌───────┴──────┐┌────┴──────┐ ┌──────┴────────┐
│机理分析(第四章)││现状特征(第五章)││实证分析(第六、七章)│
└───────┬──────┘└────┬──────┘ └──────┬────────┘
┌───────┴──────┐┌────┴──────┐ ┌──────┴────────┐
│  理论模型    ││  现状     │ │ 发展水平测度   │
│  影响因素    ││  影响因素  │ │ 区域分析      │
│  机制分析    ││  特征     │ │ 影响因素分析   │
└──────────────┘└────┬──────┘ └───────────────┘
                     ▼
        ┌─────────────────────────────┐
        │  结论及对策建议(第八章)        │
        └─────────────────────────────┘
```

图1-2 框架结构

五、主要创新点及不足

1. 主要创新点

第一，本书对中国农村集体经济的内涵进行了再界定，将中国农村集体经济高质量发展纳入中国经济高质量发展的研究范围内，丰富了中国经济高质量发展的理论研究。目前对中国经济高质量发展的研究已经取得一定的进展，但是更多侧重于整体经济、区域经济和工业经济的研究，对农村经济、农业经济和农村集体经济的研究较少。本书具有针对性地研究了中国农村集体经济高质量发展的主体、主要表现形式、发展方式和发展目标，不仅丰富和拓宽了经济高质量发展的理论体系，而且形成了中国农村集体经济高质量发展逻辑体系和研究体系。

第二，本书以独特的视角构建了中国农村集体经济高质量发展机制逻辑体系，包括构建中国农村集体经济发展理论模型，分析了制度创新、科技创新、人力资本、资金投入和土地五大因素对农村集体经济高质量发展的影响，构建了"产权→市场化→规模化→现代化"机制运行体系，并在机制运行体系中分析了机制的单向作用和多向联动作用。

第三，本书构建了一个相对完整的中国农村集体经济高质量发展水平指标评价体系，并从全国角度、区域角度和省域角度进行了详尽分析。通过收集全国 30 个省份（不包括香港、澳门特别行政区；中国台湾省和西藏自治区，全书同。）2004~2018 年 31 个指标的面板数据，构建了中国农村集体经济高质量发展水平指标体系，该 31 个指标对应了"产权→市场化→规模化→现代化"机制运行体系，做到了逻辑上的自洽。本书所使用的纵横向拉开档次法比熵值法、熵权 TOPSIS 等方法更加适用于面板数据。所使用的面板分位数回归模型能够更好地体现出不同影响因素对中国农村集体经济高质量发展的前期阶段、中期阶段和后期阶段在不同程度和不同方向上的影响，对结论的判断和提出对策建议具有指导作用。

2. 不足之处

一是数据方面的不足。收集与农村集体经济高质量发展直接相关的数据较为困难：①各省份统计年鉴、《中国统计年鉴》和各种专项统计年鉴的统计口径不同，造成数据有轻微差别，本书主要以《中国统计年鉴》的数据为主，若无该指标数据，则选择各省份统计年鉴和各种专项统计年鉴上的数据。②数据缺失问题。对于部分年鉴上部分年份统计数据缺失问题，本书对缺失较少（缺 1~2 个数据）的数据采用插值法或者移动平均法进行填补；对于缺失较多的数据放弃使用，对于地区数据缺失较多的地区（西藏）采取排除该地区的做法；对于时间序列较长的数据（2004~2018 年）采用面板数据分析，对于时间序列较短的数据采用定性分析。③各年鉴上与农村集体经济或者农村集体经济组织直接相关的指标较少，本书按照理论分析中的中国农村集体经济高质量发展影响因素及其之间作用机制选取指标，选择与中国农村集体经济相关性较大的指标，构成指标评价体系，测度高质量发展水平并考察影响因素对农村集体经济高质量发展的影响程度。

二是理论挖掘与分析不够深入。本书构建了中国农村集体经济高质量发展的"产权—市场化—规模化—现代化"的运行机制,但是中国每个区域集体经济高质量发展不同,从理论上来说,机制也应当有所不同,因此可以继续深入探索不同区域下农村集体经济高质量发展机制,进行更加深入的理论挖掘和理论分析。

第二章

国内外文献综述

第一节 农村集体经济思想与理论

一、马克思主义农村集体经济思想

马克思（1975）认为，小农即"小块土地"的所有者或佃租者，因其生产规模狭小或者生产技术落后，耕作时无法进行科学的分工合作，只能自给自足，不能获得多样化的发展，"小块土地所有制按其性质来说就排斥社会生产力的发展、劳动的社会形式、资本的社会积累、大规模的畜牧和科学不断扩大的应用"①。因此，马克思认为"应该以集体所有制改造小农"，在《巴枯宁〈国家制度和无政府状态〉一书摘要》中指出，"一开始就应当促进土地私有制向集体所有制过渡"②，这种过渡最好由农民自己探索来实现，不能采取得罪农民的措施，例如宣布废除继承权或废除农民所有权。1894年11月恩格斯在《法德农民问

---

① 马克思：《资本论（第3卷）》，人民出版社1975年版，第909~910页。
② 《马克思恩格斯选集（第3卷）》，人民出版社1995年版，第287页。

题》一文中提出如何改造小农,"要保全小农的房产和田产,把他们的私人生产和私人占有,转变为合作社生产和合作社占有"①,恩格斯的合作社生产和合作社占有是实现马克思"以集体所有制改造小农"的一种具体方式。列宁则对这种合作社的性质认识问题经历了一个动态修正过程,从"资本主义性质"到"国家资本主义性质"再到"社会主义性质",最后认为合作社不仅是社会主义的重要组成部分,具有社会主义性质,而且也是集体经济的实现形式,"合作社的发展就等于社会主义的发展"②。总结来看,马克思最先在思想上提出以集体所有制改造小农,并且不能强制小农,但是并没有提出具体的改造小农的办法。而恩格斯则提出了具体实现形式,以合作社实现集体所有制,列宁的农民合作社思想是对马克思、恩格斯农村集体经济思想的继承和发展。

二、中国农村集体经济发展相关理论

(一)毛泽东农村集体经济发展理论

1943年毛泽东在《组织起来》中指出,"分散的个体生产使农民自己陷于永远的穷苦,克服这种状况的唯一办法就是逐渐集体化,而集体化的唯一路径就是合作社"③。毛泽东认为合作社发展要注重质和量的统一,尤其要注重质。事物发展总是螺旋式上升和波浪式前进的,经历曲折是事物发展的必然过程,提高合作社发展质量需要全面规划、加强领导、循序渐进,找到合作社发展不足之处后进行改进,不断整顿。毛泽东对农村集体经济发展和合作社发展"质与量统一"的指导思想为中国特色社会主义农村集体经济发展思想注入了引领性原则。

---

① 《马克思恩格斯选集(第4卷)》,人民出版社1995年版,第498页。
② 《列宁全集(第43卷)》,人民出版社1987年版,第367页。
③ 《毛泽东选集(第3卷)》,人民出版社1991年版,第931页。

（二）邓小平农村集体经济发展理论

邓小平在马克思、恩格斯、毛泽东提出的集体化思想上继续进行深刻思考。1980年5月，邓小平在《关于农村政策问题》中指出："我们总的方向是发展集体经济""只要生产发展了，农村的社会分工和商品经济发展了，低水平的集体化就会发展到高水平的集体化，集体不巩固的也会巩固起来"①。这需要四个条件：提高机械化水平、提高管理水平、发展多种经营、增加集体收入。高水平的集体化是更能适应市场经济的变化、更能投入现代化生产要素、要素的使用更有效率、更能推动生产力进步的集体化。农业现代化是投入现代生产要素，使用现代生产技术手段实现机械化、规模化生产的过程，仅仅依靠一家一户的劳动，是不能够实现高水平机械化、规模化、集约化生产的。1990年3月，邓小平正式提出了著名的"两个飞跃"思想："第一个飞跃，是废除人民公社，实行家庭联产承包为主的责任制，这是一个很大的进步，要长期坚持不变。第二个飞跃，是适应科学种田和生产社会化的需要，发展适度规模经营，发展集体经济。"② 第一个飞跃是解决农民的温饱问题，第二个飞跃则是解决农民的共同富裕问题。"两个飞跃"理论说明了农村家庭经营和集体经营并不是互斥关系，而是依赖、兼容的关系。邓小平在毛泽东提高合作社质量的基础上提出了集体化水平有高低，是对毛泽东思想的继承和发展。发展农村集体经济是社会主义基本制度与市场经济体制的有机结合，不仅可以实现外部资源的整合，提高生产要素的使用效率，还可以提高农民内部的组织化程度，健全社会化服务体系，是农民共同富裕、农村繁荣、农业农村现代化的必由之路。

（三）江泽民农村集体经济发展理论

1997年，江泽民在党的十五大报告中指出："劳动者的劳动联合和

---

① 《邓小平文选（第2卷）》，人民出版社1983年版，第315~316页。
② 中共中央文献研究室：《邓小平年谱（1975-1997）（下）》，中央文献出版社2004年版，第1310~1311页。

劳动者的资本联合为主的集体经济,尤其要提倡和鼓励。"[1] 这一论述赋予了农村集体经济新的内涵。江泽民对农村集体经济发展提出了以土地适度规模经营为代表的多种规模经营实现形式。1998年9月25日江泽民深刻总结农村改革二十周年的经验,"少数确实具备条件的地方,可以在提高农业集约化程度的基础上,发展多种形式的土地适度规模经营"[2]。

(四)胡锦涛执政时期农村集体经济发展理论

2008年,中国共产党第十七届中央委员会第三次全体会议通过的《中共中央关于推进农村改革发展若干重大问题的决定》对统一经营的范畴做了重新界定,"统一经营要向发展农户联合与合作,形成多元化、多层次、多形式经营服务体系的方向转变,发展集体经济、增强集体组织服务功能,培育农民新型合作组织,发展各种农业社会化服务组织,鼓励龙头企业与农民建立紧密型利益联结机制,着力提高组织化程度。[3]"其中"多元化"指的是参与主体,除了农民,还包括涉农龙头企业、合作社、集体经济组织等各类市场主体。"多层次"指的是由原先单一的生产功能向产供销一体化发展,加快一二三产业的融合,延长产业链。"多形式"指的是农村集体经济的实现形式,包括农民专业合作社、供销合作社、专业技术协会等各类合作经济组织。

(五)习近平农村集体经济发展理论

党的十八大以来,习近平总书记高度重视深化农村集体经济改革,并做出若干重要论述。这一阶段习近平总书记农村集体经济发展的主要思想包括农村要素市场化、完善产权制度、土地适度规模经营、粮食适度规模经营、农业社会化服务规模经营、发展农民合作社、股份合作社、精准扶贫、农业农村现代化等。

---

[1] 《江泽民文选(第2卷)》,人民出版社2006年版,第20页。
[2] 《江泽民文选(第2卷)》,人民出版社2006年版,第213页。
[3] 《中共中央关于推进农村改革发展若干重大问题决定》,中国政府网,2008年10月19日,http://www.gov.cn/jrzg/2008-10/19/content_1125094.htm。

1. 完善产权制度与农村要素市场化

市场是一种交换资源的场所，资源包括劳动力、土地、资本、技术、信息等。资源本身是有产权属性的，如果产权界定不清晰，在市场上各种具有产权属性的资源就不可能发生交换。产权界定清晰，权利主体便可将所拥有的权利以正确的方式、正确的途径、正确的比例进行配置，否则，不明晰的产权界定、甚至不明晰的产权主体的存在，都会导致既有权利不能在最大限度上发挥其应有的作用。市场化程度会直接影响农村改革和发展的进程，影响着中国农业现代化的实现，影响着中国经济的持续发展。

2017年，习近平总书记在党的十九大报告中强调，要"深化农村集体产权制度改革，保障农民财产权益，壮大集体经济"[①]。农村集体产权制度改革首先进行全面的清产核资，防止资产流失；其次对农村集体经济组织的成员确定身份，解决成员边界不清的问题；最后通过登记赋码、确权颁证等赋予集体经济组织成员特别法人地位，对经营性资产进行股份合作制改革。

中国农村产品市场化得到了良好和充足的发展，但是要素市场化发展仍然不足。与城市相比，农村要素市场化程度很低，这是导致城乡差别很大、农村集体经济发展不起来的重要原因。党的十九届四中全会提出只有深化要素市场化改革、建立完善的市场经济体制，才有可能形成明晰的产权制度。习近平总书记所指的农村市场化，并不是完全靠市场自由调节的市场化，而是需要政府进行调控，维护市场秩序、纠正市场失误、弥补市场不足；并不是弱化农村集体经济，而是更多地赋予农村集体经济组织抵御市场风险、搞好社会化服务、减轻农民负担等重要的历史责任。

---

① 习近平：《决胜全面建成小康社会夺取新时代中国特色社会主义伟大胜利——在中国共产党第十九次全国代表大会上的报告》，新华网，2017年10月27日，http://www.xinhuanet.com/2017-10/27/c_1121867529.htm。

2. 多种形式适度规模经营

习近平总书记关于产权与市场化相结合思想推动了农村集体经济多种形式适度规模发展：在产权明晰与市场化基础上，发展土地适度规模经营；在土地适度规模经营基础上提高农民组织化程度、加快各种合作社的发展、加快农业社会化服务的发展进程。

（1）土地适度规模经营。农村土地属于农民集体所有，为了适应市场经济的变化，农村土地产权逐步放开，农地承包经营权分离成农地承包权和农地经营权，承包地除了由农民家庭经营，也可以由专业大户、家庭农场、农民合作社、农业企业等经营主体进行经营。中国各地区农业资源禀赋差异很大，不是所有的地方都能搞集中连片规模经营，"大国小农"是中国的基本国情农情，"人均一亩三分地，户均不过十亩田"是许多地方农业的真实写照，"这样的资源禀赋决定了我们不可能各地都像欧美那样搞大规模农业、大机械作业，多数地区要通过健全农业社会化服务体系，实现小规模农户和现代农业发展有机衔接[①]"。习近平总书记在《论坚持全面深化改革》中指出，"要把握好土地经营权流转、集中和规模经营的度"[②]。任何事物的发展都是有一定变化的，所处的历史阶段不同、拥有的条件不同，事物发展的程度也不会完全相同。随着市场经济的发展、城镇化水平的提高、农业的科技进步，土地经营规模的程度都要与之相适应。在土地规模经营中，习近平总书记尤为注重粮食的规模经营，"要坚持规模适度，重点支持发展粮食规模化生产""落实支持粮食生产政策、……，真正激发农民搞农业生产特别是粮食生产的积极性"[③]。

（2）农业适度规模经营。从土地适度规模经营到农业适度规模经营经历了一个阶段。中国各地土地条件不尽相同，土地经营规模也不

[①] 习近平：《把乡村振兴战略作为新时代"三农"工作总抓手》，求是网，2019 年 6 月 1 日，http://www.qstheory.cn/dukan/qs/2019-06/01/c_1124561415.htm。

[②] 习近平：《论坚持全面深化改革》，中央文献出版社 2018 年版，第 74 页。

[③] 中共中央党史和文献研究院：《习近平关于"三农"工作论述摘编》，中央文献出版社 2019 年版，第 58 页。

同，因此可以通过健全农业社会化服务体系，以服务规模经营弥补土地规模经营的不足，进而带动农业适度规模经营。2016年4月25日习近平总书记在安徽凤阳县小岗村召开的农村改革座谈会上指出，"要把握好流转、集中、规模经营的度"①。此时土地适度规模经营已经扩展为农业适度规模经营思路。

（3）服务规模经营。习近平将"统"与农村市场化有机结合，认为可以通过股份合作经济组织、农民专业经济组织、乡镇企业等多种有效形式为农村集体经济注入稳定且可靠的收入来源。这些合作社和合作组织将劳动力、土地、资本、技术、服务和管理等各种生产要素结合到一起，在一个组织范围内配置要素，为这些结合起来的要素提供一个参与市场经济的途径和桥梁，使农民集体能够更好地适应市场经济和规模经济。

3. 农业农村现代化

习近平所指的农业农村现代化既包括"物"的现代化，也包括"人"的现代化，还包括生态现代化和治理现代化，不能片面追求经济效益最大化，而是要实现社会、经济、生态三者效益的协调发展。尤其要重视生态发展，发展循环经济，建设资源节约型、环境友好型的农村，增强生态文明在农村治理中的地位。

第二节 农村集体经济发展运行机制及影响因素

以改革开放为时间节点划分传统和新型农村集体经济是学者们的共识。冯蕾（2014）认为传统和新型农村集体经济的分界点是1978年。周延飞（2018）认为中国农村集体经济经历了传统集体经济和新型集体经济两个阶段，新型集体经济是建立在产权清晰和产权有效的基础

---

① 《习近平在安徽凤阳小岗村农村改革座谈会发表重要讲话》，央广网，2016年4月29日，http://china.cnr.cn/news/20160429/t20160429_522017410.shtml。

上。宋宇、孙雪（2019）也以改革开放为时间节点将农村集体经济分为两个发展阶段。

部分学者把农村集体经济发展具体划分成"统""分""合"三个阶段（徐勇、赵德健，2015；胡振红，2014）：统一劳动经营和政社合一的集体经济阶段、家庭经营基础上统分结合的集体经济阶段和以家庭承包权为基础的合作经营的集体经济阶段。戴青兰（2018）认为经历了政社合一的人民公社时期（1949~1978年）、家庭联产承包责任制的"统分结合"时期（1978~1993年）和土地股份合作制的多元化发展时期（农村土地"三权分置"至今）。

部分学者则把农村集体经济发展阶段划分得更为细致。赵宇霞、褚尔康（2014）把农村集体经济发展划分为四个阶段：准备阶段（新民主主义革命时期）、形成阶段（社会主义改造时期）、固化阶段（社会主义建设前期）、创新阶段（社会主义改革时期）。仝志辉和陈淑龙（2018）按照城乡关系把它划分为了四个阶段：城乡关系松动时期（1978~1984年）、城乡差距扩大时期（1984~2001年）、新农村建设时期（2001~2012年）和实施乡村振兴战略时期（2012年至今）。王丰（2018）同样认为应划分为四个阶段：初步振兴阶段、农村集体组织基层治理阶段、艰难探索阶段和新时代中国特色社会主义农村集体经济全面复兴阶段。高鸣和芦千文（2019）认为其经历了四个阶段：构建期（1949~1978年）、适应市场化改革的调整期（1978年至20世纪90年代末）、实现形式多元化的转型期（21世纪初到2012年）和深化农村集体产权制度改革的激活期（党的十八大以来至今）。赵意焕（2019）认为的四个阶段分别是：初步发展阶段（1949~1958年）、进一步发展阶段（1958~1983年）、联产承包阶段（1983~2004年）和土地流转阶段（2004年至今）。于雅璁、王崇敏（2020）认为的四个阶段是：土地所有制转变过程中的集体经营形式时期（1949~1956年）、"三级所有、队为基础"的人民公社组织形态时期（1957~1977年）、"双层经营体制"下集体经济组织呈现多元化态势时期（1978~2011年）、"产权制度改革"引领农村集体经济组织新发展时期（2012年至今）。舒展、罗小燕（2019）则将其划分为六个阶段：农业合作社阶段（1949~1958年）、社会主义农村集体经济阶段（1958~1978年）、家庭联产承包责任制初探阶段（1978~1984年）、家庭联产承包责任制确立深化阶段（1985~2002年）、农业专业化合作经营的探索阶段（2003~2012年）和党的十八大以来农村新型集体经济发展阶段（2013年至今）。

在改革开放后，学者划分的阶段开始不同，但主要都是以中国农村改革、土地改革、重大事件为时间节点来划分农村集体经济的发展阶段，其中1978~1984年中国农村改革获得了巨大成功，1992年邓小平发表南方谈话，2004年开始重新发布中央一号文件，并连续发布了18年，2012年党的十八大召开，这些都对农村集体经济的发展产生了深远的影响。

一、农村集体经济发展和运行机制

1. 合作经济、集体行动及其效率

国外对农村集体经济尤其是中国农村集体经济的研究较少，国外学者的研究主要集中在合作经济及其效率、合作社及其效率、集体行动及其效率、合作社管理上，这些研究对中国发展农村集体经济及农村集体经济高质量发展提供了理论上的借鉴。

首先，国外学者认为合作或者集体行动比个体单独行动效率更高。阿玛蒂亚·森（Amartya Sen, 1966）认为工人在合作农场中的积极性要高于个体农场，个体在参与合作经济或者集体经济时的效率比自己单独行动时的效率更高。阿尔钦和德姆塞茨（Alchian and Demsetz, 1972）进一步发展了关于集体经济组织变迁的理论，认为资源可以通过合作专业化提高生产力，导致了对合作经济组织形成的需求。诺斯和托马斯（North and Thomas, 1970）认为有效率的经济组织是经济增长的关键因素。海伦、伦迪和米杰（Hellin, Lundy and Meijer, 2009）对墨西哥—中美洲的农民组织和集体行动研究发现农民组织和集体行动往往被视为

促进农民进入市场的关键因素，农民组织的好处是可以获得信贷和种子等农业投入，虽然农民提供无差别农业商品而不能增加收益，但是农民组织可以通过增加农产品价值或者提供服务来帮助农民摆脱贫苦，增加农民成员的福利。

其次，国外学者研究了集体行动达成的条件。奥斯特罗姆（Ostrom，2012）认为可以通过自愿组织加公共权威的方式来达成集体行动。曼瑟尔·奥尔森（Mancur Lloyd Olson，1965）认为达成集体行动所需的条件，一是集体成员收益不对称，二是存在选择性激励。当集体人数较少时，比较容易形成集体行动，成员数量越多，搭便车动机就越强，就越以难形成集体行动。斯塔茨（Staatz，1987）探讨了农民在什么条件下能从集体行动中获益、在什么条件下集体行动可能采取农民所有的合作企业的形式，认为农民组建或者加入合作社不仅仅是为了降低交易成本，还为了重新配置农民的权利，农民合作组织能够克服搭便车问题。卡瓦戈、欧卡马和巴戈尤（Kawagoe，Ohkama and Bagyo，2010）认为在印度尼西亚个体农民规模太小、市场不发达，无法将生产外部性内部化，因此农民在农场经营中并不总是依赖市场进行交易，而是依赖同一社区的其他成员进行集体行动以合作获得公共利益和私人利益。

最后，对于个体参与集体经济时面临着如何提高集体行动效率这个问题，学者们认为在组织中达成有效率的经济活动是需要一定条件的。奥尔森（Olson，1965）认为集体行动的最大问题在于，信息不对称以及搭便车的机会主义。组织规模越大，集体行动可能性越小，但组织规模增大带来的公共物品的规模效应能够抵消组织成本增大的问题。还有企业学者也认为集体组织内部中存在"搭便车"的风险，监督不完备导致激励不足，容易造成集体行动不能实现较高的生产效率（Holmstrom，1982；Binswanger and Rosenzweig，1986；Hayami and Ruttan，1985）。速水佑次郎和神门善久（Hayami、Yoshihisa，2005）认为，发展中国家要想摆脱贫困、赶超发达经济体、实现社会生产率的最大化目标，就需要发展适宜的制度，并根据其独特的文化传统，把市场、国家和社区三者结合起来。国家利用强制性力量干预资源配置，市场通过价格手段协调追逐利润的人们之间的竞争，而社区就是关系密切、相互信任的集体行动体。利希巴赫（Lichbach，1994）从三种不同形式的农民斗争中，即日常形式的农民反抗、无组织的农村运动和有组织的农民起义，证明了奥尔森集体行动选择性激励的广泛存在。

2. 要素整合程度、市场和政府

在农村集体经济发展运行机制方面，国内许多学者都意识到了中国农村集体经济运行机制不完善（刘义圣等，2019）、缺乏稳定发展机制（仝志辉、陈淑龙，2018）、缺乏长效发展机制（孔祥智、高强，2017）和资产增值收益分配机制（涂圣伟，2017）。主要体现在以下几个方面：

一是要素间的合作（联合）方式以及整合程度是集体经济发展的关键因素。杨嬛（2015）认为要素整合程度及合作主体参与程度决定了集体经济的运作情况。胡振红（2014）认为要素的数量、结构、质量、价格决定了农村集体经济的经营效率。赵靖（2016）认为经济主体间的多层合作和专业化分工是集体经济内在运行机制，规模化经营是经济主体间合作经营的主要动力，土地确权赋能是发展集体经济的前提和基础。宋宇、孙雪（2019）认为当下农村集体经济发展的问题根源在于缺乏全要素高效率合作方式或机制。郭晓鸣等（2019）发现以村集体、农民及市场主体多元协作配合为重点的"农村集体经济联营制"模式，有效破解了集体经济发展动力不足、能力欠缺、空间受限以及支持政策缺失等四大矛盾。邹英、刘杰（2019）认为农村再组织化发展机制有助于农村集体经济、政治和社会多重目标的达成。高鸣、芦千文（2019）认为必须以维护农民利益为根本前提，提高集体经济组织的市场竞争力，增强集体经济发展模式创新的可持续性，处理好农村集体经济组织与农民合作社、农户及其他市场主体的关系。郭晓鸣、王蔷（2020）认为农村集体经济组织的优势是：对内可以优化资源配置，对外可以拓展要素合作。乔翠霞、王骥（2020）认为农村集体经济组织通过缩短委托—代理链条和紧密嵌入当地社会结构关系、政治、文化中而具有经济与社会的双重动力。

二是发挥市场配置资源的决定性作用。在市场方面，徐勇、沈乾飞（2015）认为集体经济需要由"身份集体"向"利益集体"转型成为真正的市场经营主体，才能促进集体经济更好的发展。周娟（2020）认为农村集体经济组织可以降低交易成本，提高农户的市场竞争力。王宏波等（2017）发现在欠发达地区个体农户独立进入市场的能力较弱，集体经济与个体经济相结合是实现农村市场化、壮大农村集体经济的新型模式。张应良、徐亚东（2019）认为农村集体经济增长需要产权明晰、产权激励、拓宽市场、延长链条和维持特色。丁忠兵（2020）认为农村集体经济组织市场主体地位不明确、承担市场经营风险能力弱，农民专业合作社总体规模偏小、脱贫带动力不强。

三是政府要科学介入农村集体经济发展。郝亚光（2015）认为政府对微观经济主体的内部性干预程度、外部性支持力度影响和制约着农村集体经济的实现形式。宋宇、孙雪（2019）认为创新集体经济实现方式应从市场和政府两方面入手，通过要素市场联动更好地实现要素间合作，更好地发挥政府作用以弥补要素市场失灵。也有学者认为集体主导比市场主导和政府主导更好（唐任伍、郭文娟，2018）。

总结来看，政府和市场要互相配合才能达到稳定发展，政府和市场联合作用可以设计出有效的规则，进而减少政府失灵和市场失灵。政府可以弥补市场的局限、减少市场失灵、改善市场秩序、降低市场交易费用。农村集体经济高质量发展需要要素间有效合作（联合）、处理好各个主体之间的关系、发挥主体的联合作用、市场和政府发挥各自的作用，提高集体经济组织市场竞争力、农民主体的需求顺利对接上国家资源等。

二、农村集体经济发展影响因素相关研究

经济发展不仅包括可量化因素的数量扩张，而且包括制度、组织、技术、文化等不可量化因素变化的过程（速水佑次郎、神门善久，2005）。经济增长是经济发展的数量方面，所以经济发展除了要考虑经

济增长之外,还要考虑制度、技术、文化等因素对经济增长的影响以及它们之间的互相影响。同理,对农村集体经济发展的研究除了包括可量化的数量增长,还包括诸如制度、技术、文化、组织、人力资本等一系列影响因素的影响。有的学者强调技术因素的影响。舒尔茨(Schultz,2004)认为改造传统农业的关键是要引入"新的现代农业生产要素",实际上就是技术变化。有的学者强调社会因素和社会结构对农村集体经济发展的影响。叶敬忠、王伊欢和诺曼龙(2010)认为经济、文化和土地所有权条件相对平等的情况下,社会因素,如建立有效的社交网络和信息来源、互动、自助与合作,而不是自然、物质、人力或金融因素,提高了农村集体经济中农民的生活水平。有的学者强调人力资本对农村集体经济发展的影响。奥里亚和索法尼(Aulia and Sofhan,2019)研究了影响农民组织中农业企业集体行动产生和持续的因素,发现在农业综合企业生产方面的集体行动并非最佳方案,外部因素如气候变化、内部因素如人力资本,对集体行动的农民组织成员的规模经济和经营效率有直接影响。奥斯特伯格和尼尔森(Österberg and Nilsson,2009)认为合作社成功的程度与各成员属性有关,包括对盈利能力的满意度、成员年龄以及工作经验。

1. 产权是农村集体经济高质量发展的基石

(1) 农村集体产权制度改革面临一系列挑战。①产权确认。涂圣伟(2017)认为中国农村集体产权不够清晰、权能不尽完整,产权交易市场建设滞后。钟桂荔、夏英(2017)认为农村集体资产股份权能改革存在集体股设置、股份流转、股权管理方式、政社分离、激励机制、法律法规等八大问题。宋洪远、高强(2015)和张占耕(2016)认为中国农村集体经济在集体资产所有权及其处置、组织成员资格界定、集体资产管理和经营等方面存在问题。②产权流转。张斌(2019)认为农村集体产权制度改革面临身份地位困境、产权流转困境和可持续发展困境。村集体经济组织成员股权流动存在困难(中华人民共和国农业部农村经济体制与经营管理司调研组,2013)。在静态管理条件下,股权的继承、转让、抵押、担保等功能则可以充分体现,但是成员股权退出问题、成员决策权问题等则无法充分体现（孔祥智，2017）。③产权量化。集体资产量化和资产股权化是改革的关键，难点在于集体资产折股量化范围和方法（方志权，2014）。大部分地区不设集体股，个人股的设置是改革的核心环节，一般都是股权量化到人，但以户为单位向成员发放股权证书。④产权保护不够有效（刘可，2014；符刚等，2016；"农村集体产权制度改革和政策问题研究"课题组等，2014；何登录，2015；王德福，2015）。张浩、冯淑怡和曲福田（2021）认为农村集体产权制度改革要充分界定农村集体资产的剩余索取权，并促进剩余索取权和剩余控制权相匹配。

（2）农村集体经济组织内部的组织成员权问题。夏英等（2018）认为农村集体产权制度改革面临着集体经济组织成员结构复杂、资格认定难度大、大多数村庄"政社分离"条件尚不成熟、激励机制不健全、组织成员获得感有待加强、改革细则亟须从法律层面认定等问题。孔祥智、高强（2017）认为农村集体经济面临集体经济主体缺位、农村集体经济组织成员权不清晰、法人治理结构不完善。贺福中（2017）认为，集体经济组织成员资格认定在农村集体产权制度改革中起着基础性作用。陈小君（2018）提出应制定全国统一的农村集体经济组织成员资格认定标准。仝志辉、陈淑龙（2018）认为农村集体经济组织成员权不明晰，治理结构不完善。孔祥智（2017）认为试点中需要重视成员股权退出和成员决策权行使等问题。但是现行法律并没有对继承权和有偿退出权做出明确规定，各地在实践中也不尽相同（张红宇，2016）。

2. 劳动力、土地、资本、技术等生产要素对农村集体经济高质量发展具有影响

（1）要素本身的质量影响农村集体经济的高质量发展，包括劳动力受教育程度、土地的肥沃程度、资本的使用效率、农业科技的引进率、信息市场的成熟程度。李周、任常青（2015）认为农村集体经济的基础受到挤压、农户发展农村集体经济的信心不足、制度不健全、管理不规范，干部群众仍然有等、靠、要的想法。黄振华（2015）认为

农村集体经济的产生和发展离不开能人的发起和带动，带动潜能和道德感是决定能人带动效能的主要因素。张旭、隋筱童（2018）认为当前中国农村集体经济发展中依然存在土地细碎化等问题，农地细碎化制约规模农业。胡新艳等（2016）和胡凌啸（2018）都认为土地规模经营与服务规模经营之间并非不相容的排斥关系，而是相互促进、相互依存的关系，土地规模经营需要服务规模经营的支撑，服务规模经营反过来也能推动土地规模经营。陈义媛（2017）认为要对接规模化的服务只有两种方式：或通过将农民组织起来，以达成土地的整合；或通过土地流转，将土地整合起来。董志勇、李成明（2019）注意到部分家庭农场因忽视了经营规模的上限而导致土地经营规模过大，依靠家庭成员已经无法满足生产经营活动。舒展、罗小燕（2019）认为可以通过"三权分置"引导承包地流转，促进农业集体经济规模效应，发展壮大农村集体经济。刘义圣等（2019）认为中国农村集体经济发展水平低、土地产权制度与现实发展不相适应。朱建江（2020）认为逐步建立耕地保护管理费、宅基地部分事项有偿使用费和集体经营性建设用地基本配额制度，可使全国绝大部分农村形成集体经济稳定的收入来源。陈军亚（2015）认为以土地确权和流转为核心的新一轮土地产权改革，实现了农民承包权和经营权的分离，并通过数量上的量化和形式上的固化实现了权利的流转，激发了农民自主选择并不断创新集体经济实现形式的动力。刘守英、颜嘉楠和冀县卿（2021）对上海松江集体村社型的家庭农场进行考察分析后，认为"地方政府—村社集体—农户"的农地合约结构能够使集体所有权和代理权更加明晰，农地经营权得到保障，承包权利益置换得到实现，提升了经济绩效。

（2）要素的市场竞争力影响农村集体经济的高质量发展。在农业市场化和农村市场化大背景下，农村集体经济组织和农民个体本身在市场经济活动中需要具有一定的市场竞争力。高鸣、芦千文（2019）认为要提高集体经济组织的市场竞争力，增强集体经济发展模式创新的可持续性。周延飞（2018）认为农村集体经济发展单靠农民集体是很困难的，需要政府、企业、农民集体和家庭等共同发力。

(3)要素市场发育的成熟程度影响农村集体经济的高质量发展。徐勇、沈乾飞（2015）认为集体经济只有与市场经济体制相对接才能更好地发展。符刚等（2016）认为农村资源市场化有利于唤醒农村"沉淀"的资源、提高农民财产性收入、壮大农村集体经济和推动新型农业经营主体发展。房绍坤、林广会（2020）认为中国农村集体产权制度改革要充分体现市场在资源配置中的决定性作用。周延飞（2018）认为农村集体经济的发展呈现3个特点，即农村集体经济产权社会化、农村集体经济组织多元化和农村集体经济产品市场化。杨博文、牟欣欣（2020）认为农村集体经济可以通过规模化生产促进乡村振兴，农村集体经济发展可以通过股份制农场及农村合作社等促进乡村振兴。

第三节　农村集体经济发展水平及路径

经济发展与经济增长不同。在提出"经济高质量发展"这个概念之前，对"经济发展"的研究主要体现在经济增长与经济发展、经济发展的质量、经济可持续发展、绿色发展、低碳发展和循环发展等相关研究上，虽然提法不同，但研究的重点和研究结论均对经济高质量发展有所体现。

在对中国整体经济高质量发展水平研究方面，徐莹（2018）认为现有的指标体系难以满足推动高质量发展的要求：反应速度、总量、发展水平、经济建设、传统发展方式路径的指标多，反映质量、效益、人民群众可观可感、其他领域建设、新发展方式路径的指标少。潘建成（2017）认为推动高质量发展，必须树立正确的政绩观，扭转过去唯GDP论的衡量标准，可以从创新经济增长新动能、效率、产品质量、社会资源的充分利用四个维度来评判经济发展的质量。胡敏（2018）认为在构建指标体系的过程中，要广泛借鉴国内外比较成熟和广为接受的经济社会发展测评体系和最新研究成果，包括中国及许多发达国家学者研究和评价国家现代化进程中创设的一系列指标体系、方法和逻辑等，比如"欧洲2020战略"、日本新增长战略、韩国绿色增长战略、中国五年规划等指标体系。

1. 农村集体经济发展水平

在中国农村集体经济发展水平研究方面。丘永萍（2018）分析了制度因素、市场化程度、产业结构、财政投入、生产要素投入对农村集体经济组织发展水平的影响。姜宝山等（2019）对辽宁22个村进行调研，发现集体经济产业链短缺、水资源短缺、劳动力文化水平低，基础设施、基层党建、村务监督有待加强。邹英、刘杰（2019）认为农村集体经济发展过度关注经济目标和政治目标，忽视了社会目标，农村再组织化发展机制有助于农村集体经济、政治和社会多重目标的达成。

2. 农村集体经济发展路径

多数学者认为股份合作制是比较理性的改革方式（刘守英，2018；张红宇，2017；高云才，2017；许经勇，2017）。李天姿、王宏波（2019）研究了农村新型集体经济，认为其具有集体所有、股份合作的核心特征，实践中表现为土地股份合作社、股份合作公司两种基本模式。杨嬛（2015）认为土地股份合作是促进农村集体经济发展的可行模式，合作治理结构实现的要素整合程度及合作主体决策参与程度决定了集体经济实现形式的有效运作情况。在股份合作制框架下，各地根据自身的资源条件，探索出了不同的发展模式，薛继亮（2012）归纳出农村能人型、政府主导型和契约型三种农村集体经济发展有效实现形式，发现分工、市场化程度以及区域经济发展不平衡是导致农村集体经济实现形式多样化的三大原因。苑鹏、刘同山（2016）总结了产业发展型、为农服务型、资产租赁型、资源开发型四种类型，其实现形式包括村集体统一经营、土地股份合作制、成员股份合作制、联合社会资本的混合所有制等。韩俊（2019）认为发展壮大集体经济可以是资产租赁型、生产服务型，也可以是企业股份型、联合发展型、农业开发型等。农村集体经济有效实现形式还有：工业化模式（集体经济收入来自工业）、后发优势模式（依靠能人和村干部带动）、集腋成裘模式（盘活各类不起眼的资金、资源、资产）、产业带动型（云南腾冲依靠特色农业产业盘活农村集体资产）、集体带动型（贵州湄潭通过产权制度创新搞活集体经济）、政府主导型（四川崇州以农地经营股份化合作为基础、社会化服务和职业化管理为支撑）。也有学者通过对具体某个地区集体经济的实现形式进行了研究，如薛继亮、李录堂（2011）对陕西集体经济实现形式（农民自主、县域下的政府组织+农户运行、循环产业园区、各类农民专业合作经济组织、杨凌高新示范园区）进行比较后发现其具有共同的特点：以土地集体所有制为核心、产业差别化、农业现代化生产和政府主导。

集体经济的主导人可以是农村能人，也可以是政府或是公司、企业，可以由单一主体发挥主要作用，也可以由几个主体联合发挥作用。作用对象是资源、资产和资金，包括自然资源、土地资产、集体资产、补助资金、财政资金、联合社会资本等。实现形式是土地股份合作社、股份合作公司、有限责任公司、产业园区、各类农民专业合作经济组织等。集体收益不光来自第一产业，还可以来自第二产业和第三产业。以上集体经济有效实现形式的模式均可借鉴，但并不存在一种"万能模式"或是"通用模式"，各地应当以自身条件为基础，发挥禀赋优势，以农村集体产权制度改革为核心内容，依靠能人带动、鼓励村民参与，组建股份经济合作社，壮大集体经济。

一是制定相关法律，完善法律空白。王守智（2009）认为要促进法律规范，确立农村集体经济组织的合法地位，保障农村集体经济组织有效运行。仝志辉、韦潇竹（2019）认为明晰产权后必须注重产权制度立法和制度化保障，提升集体经济组织市场竞争力。杨一介（2015）认为难点是建立科学的成员权制度，关键是实现成员资格的开放性。二是创新农村集体经济发展模式与运行机制。一方面要充分发挥市场的决定性作用，发展市场经济，做好与市场经济体制的对接。徐勇、沈乾飞（2015）认为农村集体经济要与市场经济体制做好对接才能促进集体经济更好的发展。另一方面要发挥政府的辅助作用。何平均、刘睿（2015）认为要通过产权制度改革和整合公共政策资源强化集体资产的管理，创新集体经济发展模式和机制。郝亚光（2015）认为要科学地把握政府作为集体经济发展的外部条件介入农村集体经济发展的程度、外部性支持的力度。三是完善内外管理机制。管理包括对集体资产的管理、对集体经济组织内部的管理、对组织外部的保障、对利益的合理分配。冯蕾（2014）认为要明晰产权、完善内部管理机制、有效激励分配机制、保障外部机制正常运行。伍开群（2013）认为必须把农村集体经济从农业竞争领域中撤出来，把重点放在农业生产性公共服务领域才能够解决农村集体经济持续衰落的问题。梁昊（2016）认为应完善中国农村集体经济相关体制机制、强化财税政策支持。夏柱智（2021）认为当前农村集体经济亟须的不是把下乡资源转化为集体经济收入，而是利用下乡资源促进其进行有效治理，保持稳定有序。四是加强人才队伍建设。左臣明（2016）认为应选好农村集体经济组织带头人，对农村集体经济发展途径进行创新。赵占博（2019）认为在人口大流动时代，应该创新农村集体经济要素组织形式和流转途径。贺卫华（2020）认为基层干部群众认识不到位、扶持政策不完善，要强化党建引领、提升集体意识。张瑞涛、夏英（2020）认为农村集体经济发展精英带领非常重要，要强化农村集体经济建设人才。

第四节　文献述评

中国农村集体经济大致经历了四个发展阶段，其中以改革开放为关键节点，改革开放后发展的农村集体经济属于新型集体经济。农村集体经济是所有的资源要素通过合作与联合的形式实现共同发展的一种经济形态，生产要素是集体经济增长和集体经济高质量发展的重要资源，要素在农村市场上的一切经济活动，例如要素的使用、要素的流动、要素的联合与合作、提高要素本身的质量、要素在市场上进行交换，都可以归结为"要素的市场化配置"及配置后所体现出的"要素市场化程度"。

农村集体经济的高质量发展必然需要高质量要素进行高效率市场配

置及高质量的合作与联合。要素本身是有产权属性的，具有产权属性的生产要素在市场上如何配置才能够达到帕累托最优，是决定农村集体经济高质量发展的重要环节。劳动力对农村集体经济高质量发展的作用表现在劳动力的质量、劳动力的流动程度及劳动力与其他要素的联合与合作上。劳动力质量主要体现为受教育程度、决策能力、判断能力、适应能力、远瞻能力、管理能力等等。个体成员会由于生活环境、受教育程度不同而具有不同的思想认知，使得个体成员在选择不同类型的经济活动时会具有不同的风险偏好。

规模化是分工的一种表现，分工越细化，规模化涉及的领域越多，分工带来的经济效率提高则在规模化发展上表现出来。规模化的适度性能够带来农村集体经济高质量的发展，规模过小不足以引起规模经济效应，规模过大则会产生资源的浪费和发展的瓶颈。规模化也是要素整合的一种体现。农村集体经济涉及的适度规模化发展主要包括土地适度规模化、组织规模化和服务规模化。土地适度规模化、组织规模化和服务规模化要素不仅涉及一种，在每一种适度规模化中都涉及劳动力、土地、资本、科技、数据和管理等要素的结合。要素之间的整合、联动和合作方式会影响农村集体经济的高质量发展。总结来看，集体经济可以由是乡村能人、政府、公司或者企业主导，可以由单一主体发挥主要作用，也可以由几个主体联合发挥作用。要素的联动作用可以是一种要素的联动，如劳动力——农民、集体、企业、政府的联动，还可以是几种要素的联动，如劳动力与土地、资本的联动，一种要素的联动或几种要素的联动都可以带来农村集体经济的增长和高质量的发展。集体经济要素整合程度及合作主体决策参与程度决定了集体经济的有效运作情况，不同数量、结构、质量、价格的要素聚合决定了集体经济的经营形式与经营效率的差异。

政府和市场要互相配合才能达到稳定发展，政府和市场的有效配合，不是规划和设计出最有效的规则，而是尽可能避免政府失灵和市场失灵。避免市场失灵的有效途径就是政府要弥补市场本身的局限，减少外部性，改善市场的环境和秩序，降低市场运行中的交易费用。

综上所述，农村集体经济高质量发展离不开提高集体经济要素的质量，提高集体经济组织的市场竞争力；离不开要素之间的有效合作与联合，发挥主体的联合作用；离不开政府和市场的有效配合，形成可持续的发展。

第三章

农村集体经济高质量发展理论基础

第一节 中国农村集体经济高质量发展基本概念

一、农村集体经济概念

1. 国家层面上农村集体经济的内涵

对中国农村集体经济的定义常见于各种法律和各种政策中。《中华人民共和国宪法》(以下简称《宪法》)第八条规定:"农村集体经济组织实行家庭承包经营为基础、统分结合的双层经营体制。农村中的生产、供销、信用、消费等各种形式的合作经济,是社会主义劳动群众集体所有制经济。"该条规定说明了:农村集体经济的经营方式是双层经营,家庭承包经营属于集体经济,没有进行家庭承包经营的、只有统一经营的也属于集体经济。农村集体经济是以合作的形式进行一系列经济活动,各种形式的合作经济是劳动群众集体所有的。严格来讲,《宪法》第八条并非定义性的规定,仅仅明确了农村集体经济的经营方式或组织形式,没有揭示出农村集体经济的内涵。广义上看,集体经济是各种形式合作经济的统称，狭义上看，只承认劳动者的劳动联合而否认劳动者的资本联合。《中华人民共和国物权法》第六十七条规定："国家、集体和私人依法可以出资设立有限责任公司、股份有限公司或者其他企业。"① 该条规定说明了集体依法可以出资，集体经济可以是资本联合的，集体经济的实现方式除了合作社外，还可以采取其他形式，如设立公司或者企业。1997年党的十五大提出，"允许和鼓励资本、技术等生产要素参与收益分配"。1998年党的十五届三中全会提出，"以农民的劳动联合和农民的资本联合为主的集体经济，更应鼓励发展"。这一表述承认了集体经济的资本联合，丰富了集体经济的内涵。2008年党的十七届三中全会提出，"统一经营要向发展农户联合与合作，形成多元化、多层次、多形式经营服务体系的方向转变"。这一论述强调了集体经济中双层经营体制中的"统一经营"要向经营主体的多元化、经营内容的多层次，以及经营的实现方式进行多形式转变。2013年党的十八届三中全会提出"发展混合所有制经济"，为农村集体经济的发展提供了一条开放性道路，促进集体经济参与主体的多元化，实现了不同相关利益群体之间的互利共赢，拓宽了农村集体经济发展的路径。2016年12月中共中央、国务院出台的《关于稳步推进农村集体产权制度改革的意见》开篇就指出，"农村集体经济是集体成员利用集体所有的资源要素，通过合作与联合实现共同发展的一种经济形态"。从《宪法》以及其他政策法规对农村集体经济以及农村集体经济组织的描述中可以看出，中国目前没有对农村集体经济进行定义性质的规定，只是对不同的侧重点进行了表述，主要包括：农村集体经济的行为主体是"集体成员"、生产资料是"集体所有的资源要素"、行动方式是"合作与联合"、经营方式是"双层经营"、允许资本联合。

2. 学者对农村集体经济内涵的定义

学者们也对农村集体经济的内涵进行了全面的分析。韩松（2011）

---

① 2020年5月28日，十三届全国人大三次会议表决通过了《中华人民共和国民法典》，自2021年1月1日起施行，《中华人民共和国物权法》同时废止。

认为农村集体经济要以集体公共服务或者公平分配等方式实现集体成员利益的活动。朱有志等（2013）对新型农村集体经济的概念界定与《宪法》等相同。赵宇霞、褚尔康（2014）从宪法层面、民法层面、经济法层面进行梳理，认为农村集体经济要以集体所有制为基本原则、以财产所有权为调整对象、以生产经营权为规范重点。部分学者从经济角度进行了定义。冯蕾（2014）认为新型农村集体经济概念是生产资料共有，农民自愿组织起来，在生产或流通领域实现合作，统一经营和承包经营结合，收益按劳分配和按要素分配结合，集体资产保值增值，集体成员利益共享。黄延信（2015）认为集体经济是若干分散的个体通过联合与合作实现共同发展的经济组织形态，可以是生产资料集体所有制，也可以是在产权明晰基础上劳动者个人以资产入股形成的合作制或股份合作制形式。苑鹏和刘同山（2016）认为新型农村集体经济是按照现代产权制度要求，通过劳动联合和资本联合共同发展的一种经济组织形态，特征是所有权关系明晰化、主体清晰化、治理民主化、分配灵活化、机构去行政化。周延飞（2018）认为学界对传统农村集体经济的概念界定一致，是指人民公社时期的集体经济；对新型农村集体经济的内涵具有共识，也具有分歧，分歧在于基于集体所有权的个体经济是不是属于农村集体经济。徐勇、赵德健（2014）认为集体经济还包括集体所有权基础上的集体成员的个体经济。高鸣和芦千文（2019）认为中国农村集体经济的特点是：土地集体所有，成员边界较为清晰，管理或治理主体重叠，产业链延长，进行了企业化改造。杨卫（2015）认为对农村集体经济内涵的确定，不能仅从字面意思上理解，还要结合实践中农村集体经济所要实现的功能来界定。张弛（2020）认为新型农村集体经济是土地集体所有制基础上的"再合作"，适应社会主义市场经济体制是农村新型集体经济的核心特征。

3. 本书对农村集体经济概念的再界定

通过以上分析，本书对农村集体经济的定义进行再界定：农村集体经济是农村集体成员所有或部分所有、使用和支配的生产资料、资产、资源和资金，在市场机制的约束下，以按劳分配与按要素分配相结合、家庭经营与统一经营相结合的方式,通过多种形式的协同合作,促进集体资产保值增值、推动集体收益和农民个体收益增长的一种经济形式。

(1) 农村集体经济的内涵。农村集体经济是一种特殊的经济形态,农村集体经济的概念之所以模糊,实际上是参与农村集体经济的主体多元化以及农村集体经济的实现方式多样化导致的。实际主体是具有成员资格的农民集体,但是在参与过程中会有非集体的成员参与进来进行指导。在农村集体经济的实现方式和表现形式方面,由于各地区农村集体经济原有发展程度和现有资产资金不同,导致集体经济的合作方式和联合方式不同。农村集体经济生产要素逐渐多元化,而且要适应市场化、规模化和现代化的发展方向,势必会造成出现不同实现形式的农村集体经济。因此有必要对农村集体经济的内涵做出进一步的解释。

①农村集体经济的主体是农民集体。农民集体是具有农村集体经济组织成员资格的农民,这种成员资格需要通过法律或者是当地村规村约来进行界定。农村集体经济的发展和壮大需要能人带动,如农民企业家、乡村精英、退伍军人、返乡创业人员、有经验的种养大户、农业科技人员、大学生村官和民营企业家等。这些带动农村集体经济发展的人才可以具有集体成员资格,也可以不具有集体成员资格,但是集体收益必须要让集体内具有成员资格的集体成员享有公平和平等的集体收益分配权。

②生产资料可以是集体成员共同所有的,也可以是集体成员部分所有的。集体成员部分所有指的是集体所有的资产、资源和资金可以来自不同的主体进行投资和入股,进行共同的使用和支配。农村集体经济可以是资本联合的,资金可以源自政府支持、减免税收,也可以源自农民个体投资和集体投资。资产包括资源性资产(森林、草原、荒地等)、经营性资产(厂房、机器、企业、建筑物等)和非经营性资产(道路、学校、卫生室等)。农村集体主要依赖这些资产和资金进行发展。对于资源性资产较多的农村集体,可以发展资源经济,对于资源性资产较少的农村集体,可以延长产业链,实现"一产接二连三"。经营性资产可以进行的经济活动包括承包、租赁、参股、置换等,经营性资产所得收益要按农民所占有的份额分红。农村集体成员以土地承包经营权折股入

社，根据股份或者份额获得收益属于农村集体经济发展的范围。农村集体流转机动地、荒地和耕地以获得收入或者盘活自家宅基地以获得收入都属于农村集体经济发展的范围。农村集体根据自有优势发展特色农业、特色林业、特色渔业、品牌农业、循环农业、生态农业、旅游产业、电子商务产业、文化产业等都属于农村集体经济发展的范围。对闲置的学校、仓库、办公用房、厂房、礼堂等进行租赁获得收入也属于农村集体经济发展的范围。农村集体以集体资产和资源参股的农民合作社属于农村集体经济发展的范围。

③合作与联合的方式多种多样，所以农村集体经济的实现形式也多种多样。最主要的合作方式是土地股份合作和农业生产经营合作。可以根据村集体的实际状况，因地制宜地采取"农民集体成员＋能人＋厂房＋资金＋经营性资产＋资源性资产＋科技＋农民专业合作社/股份合作社/村级合作社＋普通企业＋龙头企业＋高校"的方式。这几种要素可以根据各地区的禀赋自由组合，自由搭配，最重要的是实现农村集体经济的收益增加和带动农民实现共同富裕。

④发展目标是调动集体成员的积极性，增强集体自我发展和自我管理的能力和水平，提高公共服务水平，提高治理能力，使得集体资产保值增值，使大部分村形成稳定的集体收入来源，使得农民成员能够享受到集体发展的成果。

（2）农村集体经济的外延。

①明确农村集体资产范围、集体收益权的分配、集体组织成员资格都涉及产权明晰。三类资产的产权需要明晰，这样依靠资产获得的收益权才能明晰。农村集体产权制度改革正是要推进资产的产权、成员权、土地的承包权、宅基地的使用权和集体收益分配权的各类产权明晰。

②农村集体经济发展要发挥市场在资源配置中的决定性作用。除了传统的生产要素劳动力、土地、资本、技术，更包含数据、管理和服务。这些农村集体经济生产要素也要根据市场导向发挥作用。

③农村集体经济的发展暗含着适度规模化发展。各地区农村集体经济的特点和禀赋不同，要根据各地区的优势发展当地的优势产业，发展

农业适度规模经营、农地适度规模经营和社会化服务规模经营，提高劳动生产率和土地产出率，实现农村土地经营收益最大化。

④随着数字经济的发展和成熟，大数据、云计算、区块链等技术逐渐应用到农业生产、流通和销售等方面，其智能性、准确性、便捷性等一系列优点都为农村集体经济现代化发展提供了发展条件。

二、农村集体经济高质量发展的概念

1. 经济高质量发展的内涵

2017年党的十九大提出"经济高质量发展"的概念后，中国学者对经济高质量发展内涵进行了大量的研究。学者们对经济高质量发展内涵的定义不尽相同，但基本涵盖内容和研究方向大致相同，学者们主要从中国社会矛盾变化、五大新发展理念角度、质量效率动力角度来进行研究。一是将经济、政治、社会、文化、生态五位一体作为经济高质量发展的研究标准（徐志向、丁任重，2019；张军扩等，2019；任保平、李禹墨，2018；魏敏、李书昊，2018）。除了要重视最基本的经济总量的增长，还要注重经济发展的质量和经济结构的优化，高质量发展就是要保护环境和节约资源，高质量发展就是要提高治理能力和管理能力。二是以创新、协调、绿色、开放、共享五大新发展理念作为高质量发展的衡量标准（任保平、文丰安，2018；史丹、李鹏，2019）。包括制度创新、科技创新、文化创新；城乡协调和区域协调；可持续发展和永续发展；共同富裕和发展成果由人民共享。三是从质量变革、效率变革、动力变革角度研究经济高质量发展（钞小静、薛志欣，2018；任保平、李禹墨，2018；茹少峰等，2018；麻智辉，2018；国家发展改革委经济研究所课题组，2019）。

2. 本书对农村集体经济高质量发展概念的界定

农村集体经济发展与整体经济发展并不相同，农村集体经济所处地位和受重视程度不同，发展方式和实现形式不同，各地区所处的环境和拥有的资源禀赋都不同，上述学者们对经济高质量发展的定义可以进行参考和借鉴，但是对农村集体经济高质量发展概念的定义需要充分考虑到农村集体经济的独特性和特殊性。本书通过上述学者对经济高质量发展的研究、农村集体经济概念的界定、农村集体经济发展方式及实现目标等，来界定农村集体经济高质量发展这个核心概念。

本书对农村集体经济高质量发展这个核心概念进行界定：农村集体经济高质量发展是在农村集体产权明晰、产权流转顺畅的前提下，通过市场高效配置生产要素，以农业适度规模化、农地适度规模化、服务规模化来促进农村集体经济现代化，并最终实现农村集体成员共享发展成果、共同富裕的发展方式。

（1）农村集体经济高质量发展的内涵。

①农村集体经济高质量发展是以产权明晰为基础的。产权明晰是农村集体经济高质量发展的制度保障，农村集体经济所有发展都围绕着产权来进行，产权制度的完整性直接影响农村集体经济高质量发展。农村集体财产的三大类资产都具有所有权、使用权、收益权，资源性资产、经营性资产和非经营性资产所有权明晰和使用权明晰可以确保相应的收益权明晰。农村土地产权包括所有权、承包权、经营权，宅基地产权包括所有权、资格权、使用权。收益权可以体现在农民收入和集体收入上，农民人均可支配收入有四种，其中财产性收入和经营性收入是与农村集体资产和经营有关的收入。产权明晰包括组织成员权明晰、成员身份界定清晰和进入退出自由。

②农村集体经济高质量发展是适应市场经济发展的，且生产要素市场化配置效率是较高的。农村集体经济生产要素包括劳动、土地、资本、技术等，相对应的有劳动市场、土地市场、资本市场、技术市场。一是农村集体经济生产要素质量要高。生产要素的质量是农村集体经济高质量发展的基础，包括劳动力、资本、土地、技术等生产要素的质量，要提高劳动力受教育年限、提高资本的使用效率、提高土地的复种效率和流转效率、资金利用效率、引进和应用先进农业技术、加强农业综合开发投入及农业技术推广力度、利用好大数据、云计算、区块链等数据技术。二是生产要素市场化程度要高。农村集体经济发展是通过农

村各种市场机制将各种生产要素优化组合起来，农村集体经济发展和运行机制趋于成熟，要发挥市场在资源配置中的决定作用，实现生产要素的市场化、集约化、组织化和效率化。

③农村集体经济高质量发展是向着适度规模化发展的。农村集体经济是通过使用共同拥有的资产和资源，通过合作与联合实现共同发展。农村集体经济发展最主要的实现形式就是通过合作社等各种组织，实现生产、加工、流通、销售、宣传、服务等环节。合作社这种实现形式不仅是劳动力的聚集，还是土地、资本、服务和技术的聚集，以合作社的形式实现规模化的生产、加工、流通、销售、宣传、服务，要素的增加和联合最终会带来规模化发展，规模化发展在适度规模下才能够获得高质量发展。因此农村集体经济适度规模化发展包含着土地适度规模化发展、服务适度规模化发展、技术规模化发展等。

④农村集体经济高质量发展是现代化发展的。现代化发展是不能依靠单个农民或者家庭经营，必须要依靠农村集体经济。农村集体经济高质量发展的最终目标和长期目标是获得农业农村现代化发展，包括基础设施的现代化发展、治理能力的现代化发展、资源环境的可持续发展、人的现代化发展和集体成员共享发展成果。基础设施建设主要体现在非营利和非经营性资产方面，如卫生室、道路、学校、铁路等。治理能力体现在村级基层政府对村级集体经济的治理上，如按最低生活保障标准补助农村群众，提供社会救助，普及卫生厕所等。资源和环境的可持续发展体现在对资源的利用和环境的保护，减少破坏环境的塑料的使用，研发新技术减少化肥和农业的使用，实现绿色、公平和可持续发展。人的现代化发展表现在对教育支出的力度增加，保障农村集体经济内部成员的医疗卫生。最后，农村集体经济高质量发展也是能够确保集体成员平等享受到高质量发展的成果，农民核心主体收入持续增长，农村集体经济组织收益增加，乡村治理体系健全，医疗、教育和基础设施得到共享，获得良好优质的教育、医疗卫生、基础设施等公共服务，城乡差距逐渐缩小，环境和资源得到保护，农村集体经济发展和运行机制趋于成熟，实现农村集体经济可持续、稳定和长效的发展，最终实现农业农村

农民现代化。

（2）农村集体经济高质量发展的外延（影响因素）。有许多因素会影响农村集体经济高质量发展。

①制度以及制度创新是促进农村集体经济高质量发展的重要因素。产权明晰、签订契约、契约结构以及发布法律法规政策等都属于顶层制度设计，制度对农村集体经济高质量发展有重要影响，制度没有好坏之分，只有适合不适合，适合的制度才能带来高质量的发展。因此为了找到合适的制度，制度创新主体也需要进行强制性制度创新和诱致性制度创新。但是目前并没有准确变量可以直接衡量制度创新，因此在分析制度创新对农村集体经济高质量发展影响程度时需要根据实际情况来做。

②技术是同等重要的影响因素。随着市场经济发展，数字经济也在蓬勃发展，先进的技术本身能够影响农村集体经济产业方面的高质量发展，技术发展是一项需要依靠资金投入的活动，需要依赖政府进行投资，包括对研究与试验发展经费的支出、地方政府对财政科学技术的支出等。技术还涉及技术推广程度和技术成果转化，这方面可用专利授权数来表示。

③生产要素（资源禀赋）是农村集体经济高质量发展的基础影响因素。生产要素包括最基本的劳动力、土地、资本等。劳动力又包括劳动力的质量、劳动力数量和劳动力效率，资本包括资本的使用效率和资金投入数额，土地总量基本不变，但是可以通过提高土地使用效率来促进农村集体经济高质量发展。

第二节 农村集体经济高质量发展相关理论

一、经济发展相关理论

1. 经济发展理论

经济增长是经济发展的核心内容，经济增长理论内容丰富。一是古典经济学增长理论。亚当·斯密阐述了分工对经济增长的重要作用,同时也强调了劳动力、土地和资本的作用。李嘉图提出资本积累是经济增长的重要保障。哈罗德和多马认为资本是决定经济增长的唯一要素。二是新古典经济增长理论。索洛等认为技术进步才是经济增长的源泉,却将技术进步作为外生变量。三是新增长理论。新增长理论突破了技术进步是外生变量的束缚,认为技术进步是经济增长的决定因素。罗默知识积累模型强调了知识投资的作用,卢卡斯人力资本模型认为经济增长的源泉是人力资本积累。

经济发展不等于经济增长,经济增长是指数量的增加,经济发展则既有量的内容,也有质的内容。经济发展不仅包括经济数量方面的增长,还包括经济结构的变化、投入产出结构的变化、产品质量的改进、人民生活水平的提高、收入分配的公平和平等、资源环境的可持续发展。"经济高质量发展"也不等同于"经济增长质量",因为"发展"比"增长"包含更多内容。"经济增长质量"最早由苏联学者卡马耶夫(Камаев,1983)提出,他认为要实现生产要素投入的集约化生产,提升产品质量和生产效率。

2. 集体经济发展理论

集体经济是一种以合作和联合方式形成的经济形式,合作经济理论是集体经济发展理论的核心内容。合作经济理论是以罗虚代尔公平先锋社的合作经济组织原则为基础发展起来的。合作经济理论大致经历了四个阶段:第一阶段是 20 世纪 40 年代,以空想社会主义为代表;第二阶段是 20 世纪 40~80 年代,以新古典经济学的均衡分析和边际分析为代表;第三阶段是 20 世纪 80~90 年代,以博弈论、企业行为理论和交易成本理论为代表;第四阶段是 20 世纪 90 年代以后,以产权理论和契约理论为代表。产权制度理论认为,通过界定和安排产权结构可以降低或者消除市场机制运行带来的交易费用,从而提高经济配置效率,促进经济增长。改革开放 40 多年来,我国农村集体经济的产权结构发生了深刻的变化,体现在农村集体产权制度和农村土地产权制度上,如何兼顾经济发展效率和集体成员的权益,兼顾经济社会发展和生态环境的保护，完善农村集体经济产权权能，有赖于吸收和发展产权制度理论。契约安排或者是产权的界定是市场进行交易的前提，商品或者资源的交易只有在契约或产权界定清晰的情况下才能够顺利进行，市场机制才能够起到作用，资源才能够得到有效的配置。可以说对农村颁布的各种法律法规以及政策条款就是一种契约安排，然而目前我国农村集体经济相关的法律法规还需要进一步完善。交易费用理论认为合作经济的成本包括生产成本、管理成本和交易成本，这些源自信息的搜寻、讨价还价和谈判等。该理论还认为可以通过扩大或者是缩小组织的边界来节省交易费用。农村集体经济高质量发展中小农户与大市场衔接的主要矛盾在于高昂的市场交易费用。

3. 可持续发展理论

1987年联合国世界环境与发展委员会发布的《我们共同的未来》中正式提出可持续发展的概念，并逐步形成了可持续发展理论。可持续发展内涵包括：人类向自然的索取能够与人类对自然的回馈相平衡、人类对自然资源和环境的索取不影响后代的生存、人类对本区域资源的索取不影响其他区域的资源。农村是一个位于自然环境较好，资源较丰富的地区。农村集体经济在发展过程中要以可持续发展为原则，对农业生产的投入以及获取的产出要平衡，对资源和环境的开发利用不能影响子孙后代。

可持续发展也包括以人为本的发展，在不同层次上满足人的基本需要和发展人的能力。农民个体不仅受到自身难以逾越的局限性，加上其所处的经济和社会大环境，使其偏好认知、思想文化和习俗惯例等都具有难以改变的性质。要从农民的根本利益出发，提高以农民为核心主体的收入，实现共同富裕。还要发展人的能力，对农民也要加强培养，发展能力，包括身体健康的能力、获得知识的能力、参与公共社会服务的能力、购买各种商品和服务的能力。没有农民的现代化，就没有农业的现代化。在乡村治理、环境治理、健康医疗、社会保障等方面做到可持续发展。总之，体现以人为本和追求可持续发展是发展的永恒主题。

二、新制度经济学相关理论

1. 制度创新理论

"创新"这一理念最早由熊彼特（Schumpeter，1990）提出。制度创新不会凭空产生，一定是在社会和经济发展的进程中触发了某种机制使得制度创新的需求增加，促使制度创新的主体对制度创新的供给增加。人类面对稀缺的资源，需要不断调整其中的游戏规则以适应环境的变化。人类对美好生活的需求及其对精神生活的追求促使社会需要进步，经济社会需要发展，在资源有限的条件下，人类需要进行制度创新以解决稀缺资源和美好生活之间的矛盾。制度创新主体，个人（微观）、集体（中观）、国家（宏观）分别会进行制度创新。

制度创新的一个重要动力是意识形态的力量。意识形态的作用不仅表现在把一种制度所包含的核心价值转化为大众信念和习惯，而且还表现在能使一项制度得以强制推行且避免公众的直接反对和改变。拉坦和速水（Ruttan and Hayami，1984）认为制度创新是统治精英或上层决策者诸多政治手段的运用。通过国家意识形态变化形成的国家制度创新能够使得一项制度强制推行且能够避免公众的直接反对，同时效率低下的国家制度创新也能够因为意识形态所构成的巨大阻力而得以停止。在国家进行制度创新时并不需要取得全体社会成员的一致同意，集体和个体成员的自由意志和思想可能会受到抑制和限制。

在改革开放之前，国家以其强制性的意识形态发展了从互助组、初级社、高级社到人民公社的合作化经济，但是农业经济效率却在逐步递减，在经济上却是效率低下的。"人民公社"制度，其难以继续推行的原因就是意识形态所构成的巨大阻力。改革开放后，自下而上的"农村家庭联产承包责任制"的成功激发了再一次的国家制度创新，1978~1984年先后制定了许多相关政策，国家制度创新加快了人民公社向家庭联产承包责任制的转变。

制度一旦形成并发生作用，常常会有路径依赖效应。中国的改革开放首先提出的就是"解放思想",就是要改变意识形态对制度创新的影响。国家意识形态的变化不等同于个体的偏好认知、文化传统和习俗习惯的变化,在辩证历史唯物主义历史进程中,国家意识形态的变化是国家根据现实的国情、国际地位以及国家发展目标而发生的变化,不同历史阶段中国家的意识形态是不同的,但唯一相同的是具有强制性,避免了公众的直接反对。而个体的偏好认知、习惯的改变,完全是在自发条件下形成和发展的,向内具有自我约束性。

2. 产权和交易费用理论

产权是一组权利束,可以分解为多种权利,如所有权、使用权、收益权、处置权等。交换是市场经济的主要活动,交换要想顺利进行,必须要确保所交换资源的产权是清晰而且完整的,即产权的主体要明确,产权的权利内容要明晰完整。但是界定产权是有成本的,产权能够界定到什么样的清晰程度取决于其成本与收益的比较。产权可以将外部性内部化,有效的产权安排能够防止"搭便车"现象的发生。产权理论认为,通过界定和安排产权结构可以降低或者消除市场机制运行带来的交易费用,从而提高经济配置效率,促进经济增长。改革开放40多年来,中国农村集体经济的产权结构发生了深刻的变化,体现在农村集体产权制度和农村土地产权制度上,如何兼顾经济发展效率和集体成员的权益,兼顾经济社会发展和生态环境的保护,完善农村集体经济产权权能,有赖于吸收和发展产权制度理论。

交易费用理论认为合作经济的成本包括生产成本、管理成本和交易成本,这些都源自信息的搜寻、讨价还价和谈判等。该理论还认为可以通过扩大或者是缩小组织的边界来节省交易费用。科斯(Coase,1937)在《企业的性质》一文中指出市场的交易费用产生于寻找交易对象、信息收集、谈判、签订契约、执行以及监督等方面。企业之所以会产生,就在于企业内部的交易费用要低于市场,因为在企业内部可以将若干种生产要素纳入一个组织中来完成交易,可以降低交易成本。农村集体经济高质量发展中小农户与大市场衔接的主要矛盾在于高昂的市场交易费用,因此产生了农民专业合作社、土地股份合作社等各种类型的经济组织，帮助小农户更好地适应市场经济、减少小农户的交易费用。组织所包含的个体成员数量具有一定规模，不论何种组织（农民专业合作社、土地股份合作社、企业、家庭农场、中介服务组织、社会化服务组织等）都是由个体成员（普通农民、种植能手、种植大户、乡村精英等）组成的。组织的存在是为了增加个体成员的利益，个体成员劳动力价值上升推动了组织制度创新，提高了组织运行的效率。如种粮能手、农民合作社的领导者和组织者、农业企业的管理者，都属于个体劳动力价值上升后，带动集体组织发展，使集体组织成为有效率的组织。

3. 契约理论

许多经济活动涉及不同的权利主体，需要通过签订契约加以界定。契约是依附产权而生的，契约包含完全契约和不完全契约。不完全契约理论也可以说是"开放性契约理论"，需要修正，契约修正即一种契约创新，不完全契约是为了应对未来情况变化而在签约时主动留下豁口，便于将来进行创新（黄少安，2018）。契约主体根据产权的配置来签订契约。签订契约也是有成本的，可以通过调节契约的成本和契约收益的不同比例来提高契约的完备度。契约安排或者是产权的界定是市场进行交易的前提，商品或者资源的交易只有在契约或产权界定清晰的情况下才能够顺利进行，市场机制才能够起到作用，资源才能够得到有效的配置。

农村集体经济契约签订大致有三种情况，一是农村土地承包制契约。农村土地承包制的本质是国家、农村集体经济组织和农民之间签订的涉及权利关系的契约，三者之间都各自签订了显性或隐性的契约。农村土地家庭承包制的本质是国家、集体和农户之间签订的、涉及权利关系的契约，虽然发包方是村集体，实际上国家是介入的，也有权利，所以实际上是三方契约。国家为了稳定农民预期，先是在1984年第一次规定"土地承包期一般应在十五年以上"，后来在1998年党的十五届三中全会规定"土地承包期再延长三十年"，再到2017年党的十九大提出的"第二轮土地承包到期后再延长三十年"，土地承包期大约延长到了2058年、2059年，极大稳定了农民对农地的预期。二是加入组织时签订的契约。农民要加入农民专业合作社时需要通过签订契约来保障自己的利益。合作社和企业本质上是不同生产要素所有者签订的具有相对长期性的一组契约或契约集合体，不同的企业组织形式就是不同的契约，一般由主签约人发起，其他所有者自愿加入、签约。三是组织之间联合合作时签订的契约。诸如"企业+农民+合作社"等联合合作的形式本质上是不同生产要素所有者签订的具有相对长期性的一组契约或契约集合体，不同的组织形式就是不同的契约。经济活动所涉及的权利主体都需要签订隐性契约或显性契约来达成交易。在改革开放后40多年间，国家与农村集体经济组织、农民之间进行了一次又一次契约完善，说明契约不是一成不变的，需要根据历史进程、时代发展以及各方利益主体的需求做出相应的调整，契约可以给签订双方降低不确定性，带来稳定的预期，其收益分成功能也使得各方契约主体能够在有限完备度的条件下以各自的成本获取各自最大化的利益。

第四章

中国农村集体经济高质量发展机理分析

第一节 中国农村集体经济高质量发展理论模型

一、基本假定及解释

假定1（个体利益和集体利益）：一个集体有着共同的目标或者利益，即集体或意味着"一些有共同利益的个人"。①个体成员选择单独行动时具有纯粹的个体利益A。②集体行动存在集体利益C。③个体成员参与集体行动时会瓜分集体利益C，获得一定份额的个体利益B。这意味着当只有当个体成员的产权是明晰时，个体成员才会根据自己拥有的产权去集体收益中瓜分自己相应的收益，若产权不明晰或者产权无主，则个体成员无法根据自己的前期投入获得相应的报酬。

假定2（集体产生条件）：①当参与集体时的个体利益B大于自己单干时的个体利益A时，即比较利益存在时，个体成员才有足够的动力去参与集体行动，才会产生组织或集体，否则该个体成员仍将继续选择单独行动。比较利益的存在也意味着进行投入—产出经济活动是产权明晰的。②当个体成员参与集体的收益大于参与集体的成本时，个体成员会参与集体行动，进而形成集体。

假定3（集体存在的目的）：集体存在的目的是增进共同成员的个体利益和整个集体的利益，各类组织或集体被期待增加其共同成员的利益。换句话说，大大小小集体存在的目的是为了增加其组织成员的利益。随着经济社会的发展，集体存在的目的除了要增加集体收益，还要提高集体成员的福利水平，通过公平和平等的收益分配方式，集体成员共享收益成果，还要注重集体内的治理和管理，使得集体有秩序和有计划地发展，通过利用可持续发展手段和现代化技术获得长久、稳定的集体收益。

假定4（个体行动和集体行动的特征）：①个体成员具有独立的思想意识、行为偏好和价值观，其行为方式由自己的意志决定，成员数量为一，单独行动，行动效率仅由该个体成员的效率决定，但效率容易受信息不对称的影响，且单个个体参与市场经济较为困难。②集体行动中个体成员行为互相影响，集体行动结果具有复杂性，集体成员做出行动需要依靠外生激励和期望。成员数量大于一，集体成员数量就是集体规模的大小，太大或者太小的规模都不会获得规模收益最大化，适度规模化能够使集体经济效率达到最大化。集体经济会面临市场经济发展过程中常见的公共物品问题和"搭便车"的机会主义问题。集体行动能够比个体单独行为更好地适应市场经济，抵抗市场带来的风险，还能够通过适度规模化发展获得规模经济收益。综上所述，将四个假定简要梳理如表4-1所示。

表4-1　　　　　中国农村集体经济发展理论模型假定

假定	个体	集体	
1	个体利益 A	个体利益 B	集体共同利益 C
2	①集体产生：比较利益存在（B>A） ②参与集体行动收益>参与集体行动成本		
3	集体存在的目的		

续表

假定	个体	集体
4	思想独立、单独行动	行动相互影响
	内生激励	外生激励
	成员数量为一	成员数量大于一
	效率取决于单个个体	效率取决于成员数量
	信息不对称	公共物品

二、模型变量及逻辑

人类在发展过程中离不开集体的行为，个体成员之所以愿意参与集体行动是因为集体行动给他带来的收益要超过其他单独行动的收益，同时他参与集体行动时获得的收益要大于他参与集体行动时付出的成本。一个集体里每个个体成员对他所追求的集体物品可能抱有不同的期望，因此每个个体成员都面对着一个不同的成本函数，不变的是，总成本函数 C 会上升，成本 C 是产品和服务价格 P 的函数，$C=f(P)$，平均曲线为传统的 U 形。

集体收益 V_g 取决于集体规模大小 S_g 以及获得集体物品的价格 P_g。个体成员能够从集体收益中得到的比例（即个体成员收益 V_i）不仅取决于个体成员的规模大小 S_i，还取决于集体中的其他人相比这个个体成员能够从集体物品中获益多少。与集体收益和个体收益有关的因素如图 4-1 所示。

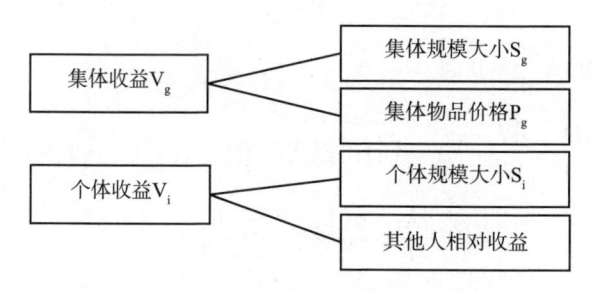

图 4-1 与集体收益和个体收益有关的因素

假设 P 为市场上产品和服务的价格（即令 $P_g = P_i = P$），S_i 为个体成员向市场提供产品和服务的数量（个体规模大小），S_g 为集体向市场提供产品和服务的数量（集体规模大小），则个体成员占集体成员生产产品和服务的份额为：

$$F_i = \frac{S_i}{S_g}, \text{ 即 } S_i = F_i S_g$$

用 V_g 来表示集体收益：

$$V_g = S_g P$$

用 V_i 来表示个体收益：

$$V_i = S_i P = F_i S_g P = F_i V_g \tag{4-1}$$

任何一个个体成员 i 得到任一数量的集体物品而获得的好处或利润 A_i 等于个体收益 V_i 减去个体参与集体活动的总成本 C，即个体成员获得的好处或者利润是：

$$A_i = V_i - C$$

内容1：首先考虑个体成员购买不同数量集体物品时的收益或损失。一个集体做什么取决于集体中的个体成员做什么，而个体成员做什么又取决于他们做其他行为的相对好处（假定2）。个体成员购买不同数量的集体物品所获得的收益或者损失，取决于个体成员获得的好处 A_i 随价格 P 的变化而变化的方式，即：

$$\frac{dA_i}{dP} = \frac{dV_i}{dP} - \frac{dC}{dP}$$

其中 A_i 最大化的一阶条件为 $\frac{dA_i}{dP} = 0$，二阶条件为 $\frac{d^2 A_i}{dP^2} < 0$。

①当 $MC = \frac{dC}{dP} \neq 0$ 时。

由于在 $\frac{dA_i}{dP} = \frac{dV_i}{dP} - \frac{dC}{dP} = 0$ 时可以找到最优点，且 $V_i = F_i S_g P = F_i V_g$，则：

$$\frac{dA_i}{dP} = \frac{d(F_i S_g P)}{dP} - \frac{dC}{dP} = 0$$

若 F_i，S_g 被假定为常数①，则 $F_i S_g - \dfrac{dC}{dP} = 0$

$$F_i S_g = \dfrac{dC}{dP} \qquad (4-2)$$

式（4-2）表示了个体成员得到集体收益的份额 F_i 乘以集体向市场提供产品和服务的数量 S_g 等于集体边际成本 $\dfrac{dC}{dP}$ 时，单独行动的个体成员会购买集体物品的最优数量。或者，根据 $V_i = F_i V_g$ 可得②：

$$\dfrac{dA_i}{dP} = \dfrac{d(F_i V_g)}{dP} - \dfrac{dC}{dP} = F_i \dfrac{dV_g}{dP} - \dfrac{dC}{dP} = 0$$

$$F_i \dfrac{dV_g}{dP} = \dfrac{dC}{dP} \qquad (4-3)$$

式（4-3）意味着集体边际收益 $\dfrac{dV_g}{dP}$ 乘以个体份额 F_i 等于集体边际成本 $\dfrac{dC}{dP}$ 时，个体成员得到集体物品的数量为最优。

② 当 $MC = \dfrac{dC}{dP} = 0$ 时。

价格 P 会影响产品和服务的数量，其影响程度由需求价格弹性 E 给出。弹性为：

$$E = -\dfrac{P}{S_g} \cdot \dfrac{dS_g}{dP}$$

由此可得到需求曲线斜率：

$$\dfrac{dS_g}{dP} = -E \dfrac{S_g}{P}$$

---

① 如果 F_i 和 S_g 不是常数，那么在下列等式成立时达到最大值：

$$\dfrac{d(F_i S_g P)}{dP} - \dfrac{dC}{dP} = 0$$

$$F_i S_g + F_i P \dfrac{dS_g}{dP} + S_g P \dfrac{dF_i}{dP} - \dfrac{dC}{dP} = 0$$

② 因为 $V_g = S_g P$，等式左右两边对 P 求微分可得，$\dfrac{dV_g}{dP} = S_g$。

在不增加成本的情况下，个体成员提供的最优数量为：

$$\frac{dA_i}{dP} = \frac{dV_i}{dP} = \frac{dS_i P}{dP} = 0$$

$$S_i + P\frac{dS_i}{dP} = 0$$

$$F_i S_g + P\frac{dS_i}{dP} = 0$$

因为假设个体成员单独行动，即集体内每个人的行动与其他人无关（假定4）：

$$dS_i = dS_g$$

所以：

$$F_i S_g + P\frac{dS_g}{dP} = 0$$

且由于：

$$\frac{dS_g}{dP} = -E\frac{S_g}{P}$$

所以：

$$F_i S_g - P\frac{ES_g}{P} = 0$$

$$S_g(F_i - E) = 0$$

只有在 $F_i = E$ 时成立。只有当对集体物品的需求弹性 E 小于或者等于某一个体成员占集体的份额 F_i 时，这一个体成员才会受到激励参与集体行动。

内容2：其次，考虑在单独行动的个体成员达到最优点时，什么时候个体成员会提供集体物品或者参与集体行动。如果个体成员的收益超过其成本时：

$$V_i > C$$

$$V_i/V_g > C/V_g$$

即 $F_i > C/V_g$ 时，个体成员会提供集体物品或者参与集体行动。

内容3：再次，考虑集体的收益会不会被最大化。当判断个体成员是否会参与集体行动后,还需要判断当个体成员得到了一定量的集体物品时,其数量对整个集体来说是否是帕累托最优,其数量达到最优的条件为:

$$\frac{dV_g}{dP} = \frac{dC}{dP}$$

如前所述,集体中的每一个个体成员会受到激励来提供更多的集体物品,直到 $F_i \dfrac{dV_g}{dP} = \dfrac{dC}{dP}$。

由于 $\sum F_i = 1$,乍一看起来个体成员独立行动提供的集体物品的总和就是集体的最优量,但是奥尔森(1965)认为集体物品的供给远没有达到最优水平,是因为个体获得的集体物品并没有排他性,某一个人不可能让他人享用自己提供集体物品所带来的收益。

内容4:最后,集体成员行动的效率与集体成员的数量有关。在其他条件相同时,集体中的个体数量越多,F_i 就越小,离最优水平就越远。成员数多的集体的效率一般要低于成员数目少的集体。

三、模型归纳及总结

在农村集体经济高质量发展理论模型的解释下,可以得到农村集体经济高质量发展的几大关键因素:

1. 产权在农村集体经济高质量发展中发挥着重要作用

产权不明晰会造成个体收益不明晰,进而造成集体收益不明晰(来自假定1、假定2)。产权可分为所有权、使用权、收益权、处置权,其中所有权和收益权主体和权利内容不明晰的可能性较大。集体经济的所有权主体是所有个体成员,但需要靠部分成员作为代表去行使权利,所有权主体产生了"错位",但收益权却是所有成员享有,会造成收益权不清晰。所有权、使用权、收益权和处置权的每一类主体要明晰,具体权利内容要清晰规定。产权明晰能够使得集体成员明晰自己应得的收益有哪些,进而能够判断比较利益的存在,若比较利益不突出,或者个体成员参与集体行动后个体收益并未持续性地增长，或者个体成员付出的成本要大于收益。或个体成员参与集体行动后因收益分配不公平而选择不参与集体行动。

2. 市场可以通过价格机制弥补市场劣势

市场可以通过价格机制（来自模型内容1、2）使参与集体经济的边际收益与边际成本趋于均衡水平来达到帕累托最优，进而弥补了市场失灵带来的劣势。负外部性、公共物品和信息不对称导致（来自假定4）等一系列市场失灵的表现会对农村集体经济高质量发展产生一些既定的影响。集体会因承担提供公共物品角色而负担过重，导致其集体经济不能壮大。有机会主义倾向的个体成员可能会靠"搭便车"而减少私人成本，造成社会成本增加，集体经济收益减少。个体与个体、集体与集体、个体与集体、个体与市场、集体与市场之间会因为信息不对称而使交易成本增加，资源不能有效配置而造成集体经济收益减少。加上个体成员的思想认知和风险偏好不同，个体成员会由于生活环境、教育程度不同而具有不同的思想认知，使得个体成员在选择不同类型的经济活动时会具有不同的风险偏好。有些集体行动能够获得较高收益但也会伴随较高的风险，风险规避者便不会轻易选择该类经济活动。虽然政府能够弥补市场失灵，但是市场从产生缺陷导致集体行动效率降低，到政府认识到需要调节市场机制，再到政府发布实质性政策，最后到政策发挥作用，各个环节都面临着时滞效应。从理论上来说，以政府调节获得的优势弥补市场失灵带来的劣势后，参与集体经济的边际收益等于边际成本时，集体收益才会趋向于最大化（来自模型内容3）。

3. 规模收益效应可以影响农村集体经济高质量发展

集体成员数量增加所带来的规模收益效应可以影响农村集体经济高质量发展（来自假定4和模型内容4）。农村集体经济高质量发展过程中各个生产要素增加投入都涉及规模收益效应，农村土地为了得到规模收益而进行土地流转，合作社等组织则集合了多种生产要素，劳动力、土地、资本、技术、服务、管理和数据等，这些要素聚集到一起也会产生规模收益效应。集体收益可以随着集体成员数量的增加而增加，但是这将会有一个临界点，超过了这个临界点，集体收益会因为不把控个体成员数量而忽视个体成员数量过度增加带来的集体收益的减少。

4. 集体收益增加是农村集体经济高质量发展的最基本要求

集体收益增加是农村集体经济高质量发展的最基本要求，而共享发展和现代化发展则是高级需求（来自模型假定3）。集体经济高质量发展在集体收益分配上，要创新集体经济收益增长的体制机制，完善收益分配机制，做到收益分配公平公正，保障个体成员的权利和权益不受损害。对于集体内的个体成员，要改善个体成员生活条件和受教育条件，加强对个体成员的风险意识培训，让个体成员平等公平享受到应有的权益。对于外部市场，要创新市场体制机制，减少信息不对称，增加对个体成员的激励，减轻集体承担公共物品的负担，集体经济保持可持续、稳定、长效发展。

根据上述研究，可以提炼出中国农村集体经济高质量发展的四大机制，分别是产权、市场化、规模化、现代化，它们或者单独起作用，或者叠加起作用。

农村集体经济是一个隶属于农村经济大系统中的一个子系统，根据系统论理论，经济系统是结构复杂、目标多元、影响因素错综复杂的，只有把研究的经济系统作为一个有机整体，站在系统论的角度进行整体研究，才能实现整体效应（林木西，2020）。研究农村集体经济高质量发展，最重要的两个方面就是影响因素及其之间的运行机制。影响因素与机制是不同的。影响因素针对的是整个经济系统，对整个经济系统产生正向或者负向的影响。而机制则是指一个系统中各影响因素之间的作用原理、运行方式或运行规则。事物发展之所以复杂变幻，是因为经济系统中若干个影响因素在起作用，不同影响因素处于经济系统中不同位置和不同层次，不同影响因素之间的作用机制也不尽相同，影响因素之间的单向作用机制或者多向作用机制都对经济发展起到了直接或间接的作用。

影响中国农村集体经济高质量发展的因素众多，其中最主要的三个影响因素分别是制度、技术和生产要素，生产要素里包括传统生产要素人力资本、资金投入和土地规模,以及新型生产要素数据、管理和服务。第一,制度所激发的制度创新是促进农村集体经济高质量发展的重要影响因素,包含产权制度创新、国家制度创新、市场制度创新、契约制度创新和组织制度创新。第二,技术与制度一样,对中国农村集体经济高质量发展也具有重要影响,包含技术进步、技术成果转化、技术成果应用及先进技术引进。第三,生产要素则是一批能够直接影响农村集体经济高质量发展的基础因素。经济活动的主体是人,人力资本是能够带来经济增长效益的高质量劳动力,人力资本与土地和物质资本相比是相当重要的,能够在经济活动中做出关键性决策并带动经济发展;国家对农村的财政资金投入、对科学技术的投入、对农村医疗卫生教育的财政支出、对农村基础设施建设的财政支出都影响着农村集体经济高质量发展;农村土地也是关键影响因素,农村土地的流转、土地经营权抵押贷款、宅基地的放活、集体经营性建设用地的入市以及在农村土地上所涉及的农机服务和组织管理,都会影响农村集体经济高质量发展。

农村集体经济高质量发展的影响因素有:制度、技术和生产要素。图4-2显示了中国农村集体经济高质量发展三大影响因素及其之间的作用机制。其中在作用机制方面,A代表产权明晰,B代表要素市场化,C代表适度规模化,D代表现代化。几个因素之间的相互作用关系是循环的,任意一个因素的变化都会导致其他因素的变化。

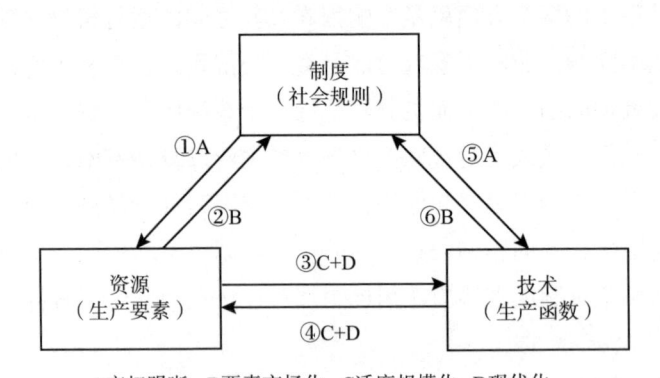

A产权明晰 B要素市场化 C适度规模化 D现代化
图4-2 农村集体经济高质量发展影响因素及作用机制

其中①②③④⑤⑥表示作用方向。

①制度施加在生产要素（资源）上可以使得要素产权明晰（A）。制度的内核是产权，制度对要素的作用是通过产权明晰让资源拥有清晰的产权边界，进而获得相应的收益。

②生产要素（资源）通过市场化配置可以促进新制度产生（B）。要素市场化配置过程中通过发现制度领域的空白以促进制度创新。

③生产要素经过规模化和现代化发展后（C+D），会通过科技创新和技术进步来弥补规模化和现代化面临的瓶颈。经济中不同的要素配置会影响所使用的技术，生产要素通过分工进行规模化生产的过程中选择相应的技术，进而产生适度规模化发展推动技术进步。一种要素相对价格的变化（提高）也会诱致形成节约要素的技术创新。

④科技创新和技术进步施加到生产要素上，能再一次促进生产要素在新的技术条件下进行规模化和现代化发展（C+D）。技术可以促进经济中相对丰富的要素替代相对稀缺的要素，通过对稀缺资源的深度开发而在一定程度上改变其稀缺性。

⑤制度的内核产权能够促进新技术的产生（A），与新技术有关的专利等受到知识产权的保护，即制度创新能够引起技术的变化。

⑥技术推广、应用和成果转化过程是技术施加在生产要素进行要素市场化的过程（B），技术通过市场化发展弥补了制度领域的空白，进一步促进相应领域的产权明晰。与技术进步有关的新方法和新机会等常常引起制度创新和相应领域的产权明晰。

第二节 中国农村集体经济高质量发展影响因素

一、制度创新

制度创新的过程就是具有较高经济绩效的制度安排不断取代较低经

济绩效的制度安排，它产生于人们预期创新净收益大于创新成本（Davis and North，1971）。中国农村集体经济制度创新主体有三种：国家、农民集体和农民个体。第三章对农村集体经济内涵的解释中指出，农民集体是具有农村集体经济组织成员资格的农民，这种成员资格需要通过法律或者是当地村规村约来进行界定。市场是连接农民个体、农民集体和国家的桥梁，农民个体既可以单独在市场中活动，也可以通过加入各种组织，如农民专业合作社、股份合作社、家庭农场、企业等，参与市场经济活动。中国农村集体经济制度创新的主体、原因、类型及属性如图4-3所示。

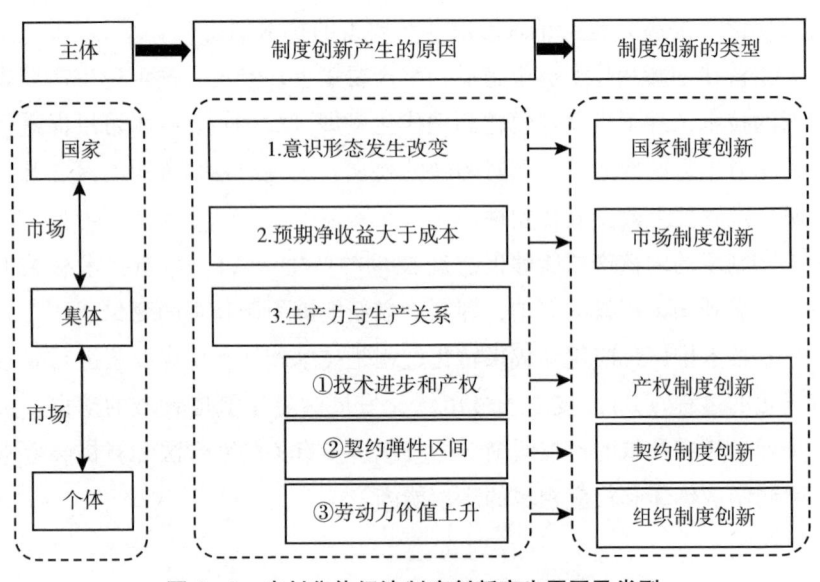

图4-3 农村集体经济制度创新产生原因及类型

制度创新产生有三大原因：

一是意识形态发生变化产生了国家制度创新。国家意识形态的变化是国家根据现实的国情、国际地位以及国家发展目标而发生的变化，在不同历史阶段，国家意识形态是不同的，但唯一相同的是具有强制性，避免了公众的直接反对。国家制度创新不需要取得全体社会成员的一致同意，集体和个体成员的思想和自由意志可能会受到抑制和限制。

二是市场交易的预期净收益超过预期成本产生了市场制度创新。当市场交易主体预期到通过市场交易和博弈后的净收益大于预期成本时，市场制度创新便发生了。市场连接着国家、集体和个体三个主体，当市场交易主体进行经济活动和博弈时，随着面临的外部环境发生改变，要素相对价格、信息成本、交易成本、技术成本都会随之发生改变，此时各主体收益—成本相对价格发生改变，原有的市场均衡被打破，各主体对市场制度创新的需求和供给也发生了相应变化。

三是生产力和生产关系的变化产生了产权制度创新、契约制度创新和组织制度创新。①技术进步属于生产力的变化，技术进步可以促进产权的重新配置，明晰的产权结构又能够激励技术进步。一方面，由于产权具有可分性和让渡性，技术进步打破了原来的产权制度安排，导致现有的产权主体所拥有的产权比例和配置状态发生了改变，权利在不同主体之间重新分配，使其向着帕累托效率更高的方向配置，技术进步促进了制度创新。另一方面，明晰的产权结构能保证技术进步的有效性。例如专利等知识产权保护为技术创新提供了强有力的激励，保护了技术发展。因此，可以认为产权制度创新具有可分性。②契约是依附产权而生的，技术进步使得产权在不同主体间以不同的比例重新配置后，各主体之间签订的契约也会发生相应的变化。契约可分为完全契约和不完全契约，契约的完备度可以从低完备度向高完备度发展，存在着契约完备度弹性区间。契约运行时会将缔结契约的成本和契约履行的收益在不同的主体之间进行分配，从而产生了契约的成本收益弹性区间。契约的完备度弹性区间和成本收益弹性区间都蕴含了制度创新的空间。在农村集体经济的发展过程中，不完全契约是必然和经常存在的，国家、集体和个体之间会通过签订契约和完善契约来达到收益最大化。③劳动力价值上升推动了组织制度创新。舒尔茨（Schultz，1968）认为在经济发展过程中劳动力经济价值的上升是制度创新的主要来源。诺斯和托马斯（North and Thomas，1973）认为有效率的经济组织是经济增长的关键，制度创新的一个主要来源是人口对日益稀缺资源禀赋的压力不断上升。

由具有异质性的个体成员组成的农村集体经济组织本身就是一种复杂的存在，使得农村集体经济组织中的各种行动规则和达成行动所签订的契约都比个体单独行动时更为复杂。集体经济组织中的个体成员认为只有加入集体后的个体利益超过其没有加入集体时的个体利益，且参与集体行动后所付出的成本要小于自己单独行动时的成本时，个体成员才会联合在一起做出集体行动。可以认为组织制度创新具有共利性。随着社会发展和人类发展，一方面，劳动力价值增加，个体成员劳动力价值上升使得农村集体经济组织追求的共同利益也随之增加，为了使农村集体经济组织的利益增加，必须进行组织制度创新；另一方面，集体中个体成员的"搭便车"、偷懒或者不合作行为，都需要通过组织制度创新来提高组织的运行效率。

二、技术进步

世界农业发展历史与现实表明，农业的技术进步和技术创新使农业获得了稳定和加速的发展，这个稳定的增长主要是受到技术进步和生态环境改善的激励，造成了较高劳动力生产力水平和土地生产力水平。技术进步对农业经济增长和经济发展的作用在于：①吸收劳动力，创造新的劳动就业机会。②节省有限的土地资源。可以在不增加或者减少土地面积的情况下，增加产量。③节约有限的资本资源。

在技术进步对经济增长影响方面，罗默知识积累模型（Romer，1986）是其中的典型代表。罗默知识积累模型的主要内容是阐明了知识能够带来超额利润，超额利润又能够促进对知识研发的投入，投资和知识互相促进。罗默假定：知识有正的外部性、产品产出收益递增、知识生产收益递减。

罗默给出的生产函数如下：

$$Q_i(t) = F(k_i(t), K(t), \chi_i(t))$$

其中，$Q_i(t)$ 是厂商 i 在 t 时期的产出水平；$k_i(t)$ 是厂商 i 在 t 时期的专业化知识；$K(t) = \sum_{i=1}^{N} k_i(t)$ 是在 t 时期的整个社会的知识总量水平，N 为厂商的数目；$\chi_i(t)$ 是物质生产要素总和。公式表明，企业的产出不仅是实物资本 $\chi_i(t)$ 的函数，而且是专业化知识 $k_i(t)$ 和所有厂商的一般知识 $K(t)$ 的函数。

罗默的技术进步方程表达为：

$$A = K = Nk$$

将此代入到柯布-道格拉斯生产函数，罗默的产出表达式为：

$$Y = N^{1-\alpha} K^{\alpha} \quad (0 < \alpha < 1)$$

假定劳动力的增长率为零，并将劳动力总量单位化，因此产出就不再与劳动的贡献相关。为了获得均衡增长条件，罗默引入指数型效用函数：

$$U_C = \left(\frac{C^{1-\sigma}}{1-\sigma}\right) e^{-\rho t}$$

其中，C 是人均消费，ρ 是贴现率，$0 < \rho < 1$。均衡增长条件为：

$$g = \frac{N^{1-\alpha}}{\sigma} - \rho$$

三、人力资本

人力资本也是影响中国农村集体经济高质量发展的重要因素。舒尔茨（Schultz，2006）认为农民是具有理性且有效率的，他们之所以贫困，是因为社会给他们提供的技术和经济机会有限。一些经济学家也通过大量的经验研究表明，农民和利益最大化者一样以最优效率来配置资源，进而验证了舒尔茨的"贫穷而有效率"假说。托达罗（Taudaro，1969）认为，农民是会对经济刺激和经济机会做出合理反应的，不应当认为农民是愚蠢的、无理性的和保守的。舒尔茨（Schultz，2006）极为看重人力资本积累（劳动力质量改善）对农业经济增长和经济发展的作用，他认为农民的能力差别是最重要的，关键是对人力资本投资，通过教育改变农民的观念，提供现代农业生产的必要信息，增进他们的决策能力，使他们学会使用现代农业要素。教育有两种途径：①正规教育；②非正规教育——职业培训，在生产实践中学习，即干中学。

卢卡斯人力资本溢出增长模型也能够很好地解释人力资本对经济增长的作用。在卢卡斯人力资本溢出增长模型中，人力资本是经济增长的原动力。卢卡斯（Lucas，1988）把资本划分为物质资本和人力资本。把人力资本定义为个人一般技术水平，由个人能力、技能和知识构成的。卢卡斯认为人力资本有两种效应，一种是自己拥有的能力能给他人带来收益；另一种是个人能力能够提高所有生产要素的生产率，但本人却不能因此获得收益。前者可称为人力资本的内部效应，后者可称为人力资本的外部效应。卢卡斯通过将原来作为外生变量的技术进步转变为内生的人力资本来研究经济增长。卢卡斯假定每个生产者都将用一定比例 μ 的时间从事生产，而用 $(1-\mu)$ 的时间进行人力资本 h 的建设。卢卡斯的生产函数是：

$$Y_t = AK_t^\alpha (\mu_t N_t h_t)^{1-\alpha} h_{E_t}^\gamma$$

其中，N_t 是 t 时刻的劳动力数量，h_t 是 t 时刻的人力资本，$h_{E_t}^\gamma (\gamma > 1)$ 是 t 时刻的人力资本的外部效应递增。

技术进步方程式为：

$$\frac{\dot{h}_t}{h_t} = \delta(1 - \nu(t)) \quad (\delta > 1)$$

在以上两个约束条件下求解最大化问题：

$$\max \int_0^\infty e^{-\rho t} \frac{c^{1-\sigma}(t)}{1-\sigma} N(t) dt$$

卢卡斯模型的均衡条件是：

$$g = \frac{\dot{h}_t}{h_t} = \frac{(1-\alpha)[\delta - (\rho - \lambda)]}{\sigma(1-\alpha+\gamma) - \gamma}$$

四、资金投入

对于发展中国家来说，农村集体经济物质资本还比较薄弱，农业基础设施普遍落后，不适应新的先进的农业技术要求，需要大力促进农业的物质资本的形成。对于一个发展中的经济体来说，除了筹集资本外，更重要的问题是如何有效地利用资本，因为提高资本利用效率意味着某一特定资本的产出量增加，或者某一特定产出所需的资本量减少，从而节约资本，增加收入。资本使用效率通常用资本产出率来衡量。资本配置的一般原则应该是将资本投资于边际资本收益率最高的生产活动。提高资本使用效率的最根本保障在于建立保证资本有效使用的制度，必须改革以行政手段直接配置资本的做法。资本不仅要与劳动相结合，而且要与自然资源相结合，才能成为真正的生产要素，由于技术是结合各种物质生产要素的纽带，资本形成必须促进技术创新，从而提高投资效率。

五、土地流转

农地产权制度的安排不仅关系到农村集体经济发展的效率，更关系到农村集体经济高质量发展。自实行家庭承包责任制以来，国家逐步将部分土地收益权出让给农民，而农地收益更多地需要在农地市场中完成，包括农产品销售和农地流转。但是农民在农地市场中处于弱势地位，家庭承包制导致农民组织化崩解，农民在农地流转中很难获得与收益权相匹配的农地收益，丧失了部分获得农地收益权的比例。

随着生产规模的不断扩大，规模报酬呈倒"U"形变化。舒尔茨（Schultz，2009）认为，传统增产的途径首先是规模经营。实践证明，在农地供给充足条件下，土地适度规模经营具有成本低、效果好、规模效益明显等特点。因此，农地经营者适度规模经营农地能趋向于收益最大化。为了实现规模报酬，应合理推进农地流转促进农地集中，打破现阶段中国农地细碎化问题，提高农地产出效益，从而增加农民收入。

第三节　中国农村集体经济高质量发展单向机制

如前文所述，机制与影响因素不同，机制是影响因素之间的逻辑关系。中国农村集体经济四大机制要素（A、B、C、D）对农村集体经济高质量发展既有单向作用，又有多向联动作用。图4-4显示了中国农村集体经济高质量发展机制的单向作用和多向联动作用，四大作用机制（A，B，C，D）均会在单方向上促进农村集体经济高质量发展，这四大作用机制又存在着多向联动作用（①，②，③，④，⑤，⑥），通过多向联动作用促进农村集体经济高质量发展。

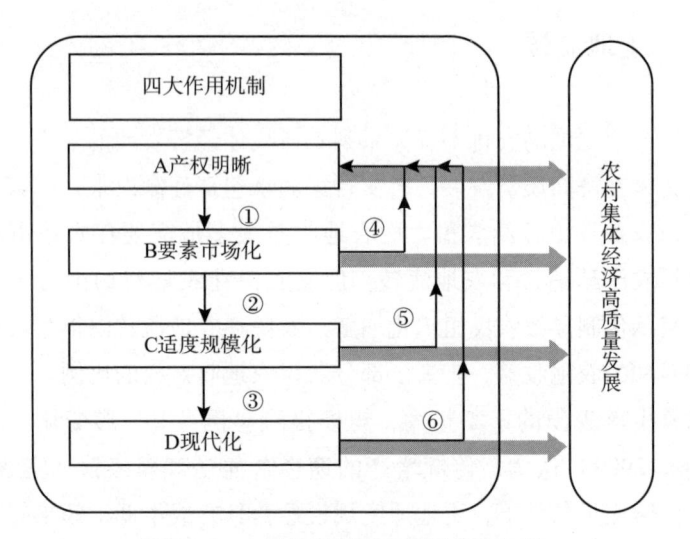

图4-4　农村集体经济高质量发展机制

单向作用是：产权明晰（A）是农村集体经济高质量发展的制度保障、要素市场化（B）是促进农村集体经济高质量发展的外部动力、适度规模化（C）是农村集体经济高质量发展的必经之路、现代化（D）是农村集体经济高质量发展的高级需求，每一个机制均在单方向上促进农村集体经济高质量发展。

多向联动作用是：产权明晰能够促进农村集体经济要素市场化程度的提高（①），要素市场化程度的提高促进了经营的适度规模化发展（②），适度规模化必须加以技术进步及科技创新实现农村集体经济的现代化发展（③），随着要素市场化程度提高、经营规模程度适度性提高、现代化发展程度提高，会要求产权的再一次细分、重组、让渡和量化（④⑤⑥），四大核心要素机制构成了"三圈式"逻辑循环体系。

一、产权配置推进农村集体经济高质量发展的机制

资源是稀缺的，要运用这样或那样的规则来解决由于资源稀缺而发生的利益冲突，最基本的规则就是通过产权来解决这种冲突。图4-5显示了农村集体经济高质量发展单向机制1：产权明晰促进农村集体经济高质量发展。中国农村集体经济中稀缺的资源包括农村土地、劳动力、资本、农业科技、信息、管理等。每一种资源都涉及产权问题。产权是一组权利束，根据已有文献中可以将产权归结为：所有权、使用权、收益权和处置权，每一种产权均涉及产权主体及产权权能的问题。在中国农村集体经济中，产权主体包括国家、集体以及农民个体。在农村集体经济发展的不同阶段，每一产权主体所拥有的产权权能都是不尽相同的，这是产权的性质所决定的。

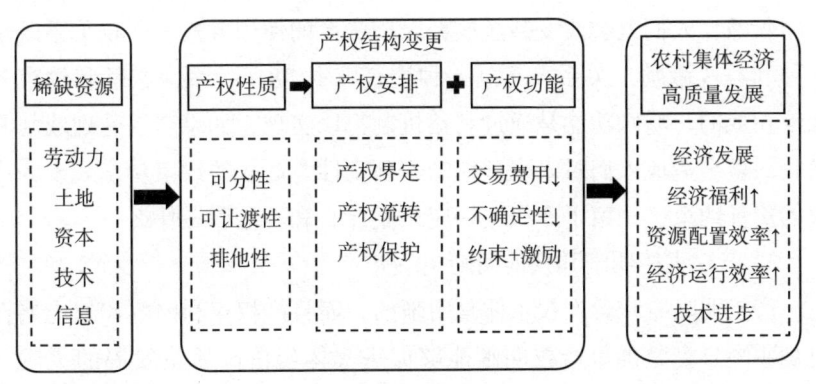

图4-5 单向机制1：产权明晰促进农村集体经济高质量发展

1. 产权性质决定了产权安排

从图4-5来看，稀缺资源引发了产权结构变更，产权结构变更能够促进农村集体经济高质量发展。产权结构变更经历了以下过程：产权的可分性使产权重新界定，产权的可让渡性允许产权进行流转，产权的重新安排减少了交易费用、降低不确定性、增加约束及激励。产权的性质决定了产权可以重新安排。不同性质的资源要有不同的产权形式与之匹配，只有合适的产权安排才是稀缺资源有效使用和优化配置的先决条件。产权具有可分性、可让渡性和排他性。可分性意味着产权能被拆开，将稀缺资源投入最有价值的用途上去，把资源从低价值使用者手里转移到高价值使用者手里，增加财产的有用性。产权细分是随着人们需求和经济社会发展而不断变化的，产权只有在能被分割的情况下，才能够进行最有效率的利用。产权可分性需要以下条件：①产权界定明晰。这是市场机制有效发挥作用的前提，也是有效产权制度的基础。②产权的属性完备。产权权能属性越完备，产权制度就越有效率。③产权有效保护。产权保护的越好，产权功能发挥的就越好。产权具有三大功能，一是可以降低交易费用，二是外部性内部化（减少不确定性），三是约束及激励功能。产权由于这三大功能而能够带来经济福利的增加、资源配置效率的提高、经济运行效率的提高及技术进行。

2. 产权安排和产权功能促进了农村集体经济高质量发展

产权保护对经济发展十分重要，一旦产权不能保证通过产权所获取的净收益，人们就会改变甚至放弃对该资源的使用方式。产权关系既是一种利益（激励）关系，又是一种责任（约束）关系，激励和约束是相辅相成的，激励功能是通过利益机制得以实现，如果产权受到威胁和没收，就会造成人们对未来预期的不确定性。产权的约束功能表现为产权的责任约束，约束了产权主体应该做什么和不应该做什么。

3. 产权主体明晰和权能明晰

产权明晰意味着产权主体是明晰的，而且产权权利内容和权能属性也是明晰且完整的。产权明晰能够促进集体经济高质量发展的关键环节，一是清晰界定产权的主体和权利内容，二是保障产权流转顺畅以及受到严格的保护。图4-6显示了产权主体与产权权能。①在清晰界定产权主体方面,产权主体应指向清楚。比如,在集体产权制度改革过程中,仍有部分村保留了一定比例的集体股,以用于对公共服务和维持管理,但是集体股的主体指向不清,现实中往往由少数村干部控制,若对其监督不力或者管理不善,会造成集体经济资金和资产的流失。②在权利内容方面,应尽量形成完整且合理的内容体系,如目前宅基地转让只能在本集体经济组织内部进行,但是本集体内部已经几乎一家农户只能拥有一处宅基地,有条件成为宅基地受让人的农户数量非常少。所以在完善宅基地转让权内容方面,还存在完善和改进的空间,完善之后由于产权带来的收益将会进一步增加。

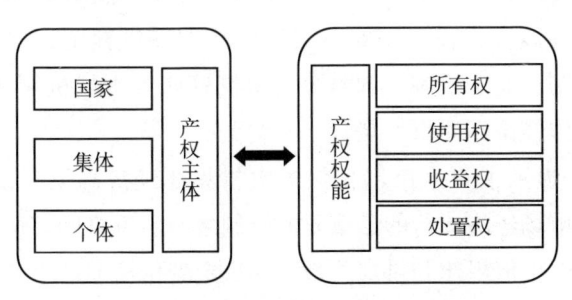

图4-6 产权主体与产权权能

中国农村集体经济是一种集体所有制形式的经济,其中涉及的产权问题最为广泛,也最为复杂,主要包括农村土地的产权、农村集体资产的产权、农村集体经济组织成员权、农民个体收益权等。其中,农村土地的产权问题包含农村承包地、宅基地和农村集体经营性建设性用地的产权问题。如果能够及时解决产权问题,那么必将促进农村集体经济高质量发展。

产权制度还衍生了分配制度,分配制度相当于产权制度中的收益权配置。分配制度又涉及公平和效率,集体和个人分别具有各自的收益权,有时个人收益权被掩盖在集体收益权之下,很难发挥出作用。完善的分配制度意味着分配的公平和效率,能够让广大农民共享改革的成果，共同富裕，只有这样才能充分调动各方的积极性使其投入农村集体经济的发展建设中，这也是农村集体经济高质量发展的目标之一。

二、要素市场化推进农村集体经济高质量发展的机制

市场是一种无形的力量，为市场主体提供了一个交易场所，可以降低交易主体的交易成本。农村最早引进市场机制，但是目前农村市场机制发展最为缓慢。中国农村产品市场发展得较好，但是要素市场发育并不成熟。农村集体经济要素市场化内涵指的是农村生产要素以市场需求为导向，以竞争为手段，以市场价格为调节，在市场上进行资源交换，实现资源有效配置。要素市场化程度越高，要素流通得越频繁，产生的收益的可能性越大。在中国农村集体经济发展过程中，主要是价格机制、供求机制、竞争机制、利益分配机制这四大市场机制在发挥作用，促进农村集体经济高质量发展。

图4-7显示了要素市场化促进农村集体经济高质量发展。第一，价格机制是市场经济运行的最重要的机制之一。价格能够比较准确地反映供求状况，价值规律和供求关系一起决定着价格的产生和变化。价格是价值的货币表现，价格机制是价值规律的体现。中国农村集体经济要素市场体系尚未健全，劳动力的价格是由城市市场形成的，土地价格则是由国家决定的，而科技和数据的价格至今尚未形成，要素市场机制还不能够充分发挥其作用，使得要素价格并不能够完全由要素市场来决定。第二，供求机制是要素市场中要素供给与要素需求之间的内在联系和作用形式，受价格和竞争等因素的影响。供需双方通过供给能力和需求量的变化调节着要素流动的方向，供求关系的变动又能引起价格的变动和竞争的开展，价格最能够准确地反映供需状况。供求均衡是偶然的，而供求失衡则是常态的。第三，竞争机制是指市场主体按照市场规则争取最大的市场份额、实现利益最大化的机制。竞争机制与价格机制、供求机制相互联系、共同作用。竞争机制在任何市场都可以发挥作用，但是在市场体系不够健全和完善的情况下，其作用难以得到充分的

发挥。例如，在土地市场中，竞争机制的作用受到一定的限制。第四，利益分配机制是指经济主体能够公平地享受到通过自己投入而获得相应收益的权利。在市场经济中，每个经济主体都应该有参与市场竞争的平等权利，市场主体通过自己一定的劳动投入或资本投入，也应该具有合理分配收益的权利。如果不能够保证市场主体享受到这两种权利，就不是完善的市场。在中国由于农民在市场经济活动中仍处于弱势地位，家庭经营较为分散，使得农民个体在市场竞争中处于不平等的竞争地位，难以享受到合理的市场利益分配。

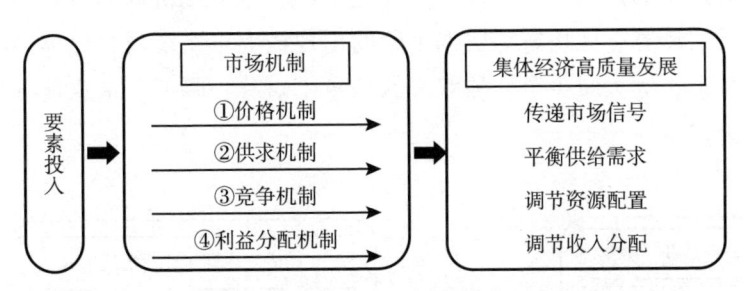

图 4 - 7　单向机制 2：要素市场化促进农村集体经济高质量发展

稀缺的要素资源投入农村市场中，通过四大市场机制进行资源配置。价格机制传递市场信号、供求机制平衡要素供给需求、竞争机制调节稀缺资源在市场中的配置、利益分配机制调节收入分配。以上四大机制是农村集体经济发展市场机制的重要组成部分，提高要素配置效率只靠一种机制是解决不了的，只有这四大机制共同配合、共同发挥作用才能使得市场稀缺资源得到合理的配置，得到配置效率的最大化。

三、适度规模化推进农村集体经济高质量发展的机制

市场发育程度决定分工程度，市场发育越成熟，分工越细致。农村要素市场化发育到一定的成熟程度，要素在市场上自由流动，要素的自由流动导致了相同要素聚集在一起，以一定的规模进行生产合作，以一

定的规模发展，获得规模经济效应。规模化正是分工的一种表现形式。图4-8显示了适度规模化经营促进农村集体经济高质量发展，土地市场发育的越成熟、劳动力流动障碍和融资壁垒越小，越能促进要素的聚集。土地要素聚集到一起便是土地规模化，形成家庭农场和各种土地股份合作社；劳动力要素聚集到一起，形成各种农民专业合作社；土地流转供需逐渐趋于平衡时，土地规模化程度到达瓶颈，催生了以代耕代种和土地托管为代表的服务规模化，形成了农业经营组织联盟、农机服务联盟；新型生产要素对中国农村集体经济高质量发展具有至关重要的作用，数字经济也促进了农村集体经济高质量发展，大数据、云计算、区块链等数据手段的出现极大丰富了农村集体经济的市场信息，大大减少了交易双方的信息不对称，降低了信息搜寻成本和交易成本。

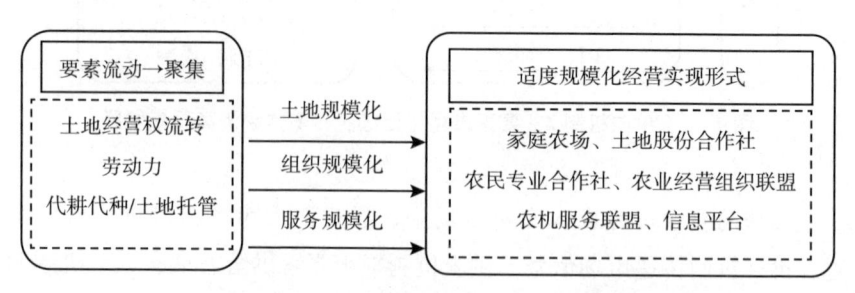

图4-8　单向机制3：适度规模化促进农村集体经济高质量发展

市场越完善，生产经营的社会化程度越高，分工越细，农民越无法完成生产经营的全过程。分散的农户必须以经济组织作为中间载体参与农业生产的各个环节。细碎的土地通过流转聚集到一起进行适度规模经营可以提高农地收益，劳动力聚集到一起形成各种类型的经济组织可以通过集体行为增加个人收益，代耕代种代收和土地托管等农机服务规模化会产生规模收益，数据通过大数据、区块链等技术也会形成规模经济效应。组织规模、土地规模、资本规模、服务规模、数据规模都对农村集体经济高质量发展具有一定的影响。规模经济的优点是可以充分利用资源，降低平均成本，提高经济效益，而且有利于管理。

四、现代化推进农村集体经济高质量发展的机制

农村集体经济是集各种生产要素于一身的一种经济形式，产业、人才、文化、生态、组织等各个方面在发展到一定程度之后，需要通过引入更先进的技术手段、更先进的治理方式和治理模式、更节约资源和保护环境的手段等，提高物质装备水平、提升农村人居环境、提升农民的幸福感。图4-9显示了现代化促进农村集体经济高质量发展，显示规模化达到瓶颈后，遵循创新、协调、绿色、开放、共享新发展理念，通过引入农业现代化、农村现代化和农民现代化三种手段以实现农村集体经济高质量发展，实现物的现代化（基础设施现代化）、治理现代化、环境绿色发展和人的现代化。

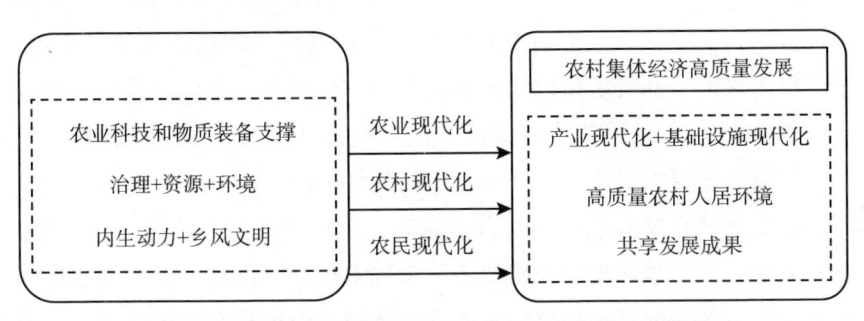

图4-9 单向机制4：现代化促进农村集体经济高质量发展

产业是农村集体经济高质量发展的重要因素，在农业生产的物质装备和机械装备方面，通过农业现代化手段引入现代农业技术，提高生产的技术水平，实施大中型灌区续建配套和现代化改造，实现现代产业体系以及为农村集体提供高质量的产业基础，使得农业基础设施现代化迈上新台阶，农村生活设施便利化。

农村人居环境包括居住环境、生产环境、治理环境等，近年来农村生产生活方式绿色转型取得积极进展，化肥农药使用量持续减少，

农村生态环境得到明显改善。乡村建设行动取得明显成效，乡村面貌发生显著变化，但是仍需加强环境保护、节约资源以及提高农村治理能力。

在人的现代化方面，要通过引入农民现代化这一手段，提高脱贫人口的内生发展能力，通过各种方式和手段吸引城市各方面人才到农村创业创新，参与乡村振兴和现代农业建设，培育高素质农民，提高农民的获得感、幸福感、安全感，让农民共享农村集体经济高质量发展的成果。

第四节　中国农村集体经济高质量发展多向联动机制

产权是市场经济的基石，是市场经济顺利运行的制度保障。产权具有可分性，能够依据实际需要对权利内容和权利主体进行细分和重组，对产权边界的重新界定可以比未界定产权或模糊界定产权时获得更多收益。图4-10显示了农村集体经济高质量发展机制的多向联动作用。①产权明晰能够促进集体经济要素市场化程度的提高；②要素市场化程度的提高意味着要素能够相对自由流动，在市场机制下实现自由配置，要素流动到一个领域构成规模化，分工越来越细，促进了经营的适度规模化发展；③适度规模化可以发挥分工效应，但也具有发展瓶颈，必须加以技术进步及科技创新等，实现集体经济的现代化发展；随着要素市场化程度的提高（④）、经营规模程度适度性的提高（⑤）、现代化发展程度的提高（⑥），会再一次要求产权细分、重组、让渡和量化，使其更适应集体经济内部和外部的变化。①+②+③+④+⑤+⑥构成了"三圈式"循环。

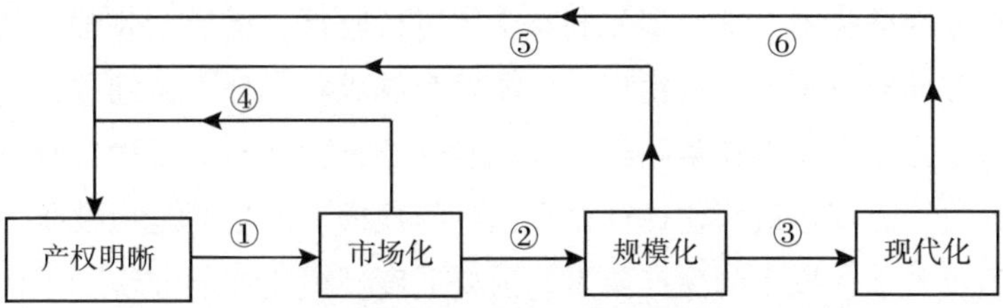

```
   ┌──────────────────⑤──────────┬──────⑥──────┐
   │         ┌────④────┐         │             │
   ↓         │         ↑         ↓             │
┌──────┐ ① ┌──────┐ ② ┌──────┐ ③ ┌──────┐
│产权明晰│──→│市场化 │──→│规模化 │──→│现代化 │
└──────┘   └──────┘   └──────┘   └──────┘
```

图 4-10 农村集体经济高质量发展机制的多向联动作用

一、产权明晰与要素市场化之间的联动机制

1. 产权明晰能够促进农村集体经济要素市场化程度提高（方向①）

市场化是建立在产权明晰基础之上的，产权明晰是农村集体经济要素市场化发展的基石。只有明确产权主体、明确产权包含的权利内容范围、交易主体各自拥有独立而又明晰的产权时，稀缺的资源才会流动起来，向着帕累托最优的方向发展，市场交易成本才会降低，市场交易才会具有效率，市场化程度才会提高；反之，模糊的产权会使得产权主体没有动力和激励做出行动，会使得农民个体在集体中在经济活动中既得利益无从区分，降低交易效率，增加交易成本，使得集体收益减少。

2. 要素市场化程度的提高又要求产权更加明晰（方向④）

要素市场化指的是要素在市场经济体系中按照市场机制进行要素的自主有序流动和要素的自由配置，提高要素的配置效率，激发社会的创造力和市场活力，以实现要素配置的收益最大化。当要素流动的自由性提高时，要素市场化配置的范围也随之扩大，这时候需要更健全的市场体系和更完善的市场制度。与市场制度相关的最重要的因素是产权，进一步要求产权覆盖的范围更广、产权界定更加明晰、产权量化更加细致、产权流转更加流畅、产权保护更加有效。这样方向①和方向④构成了第一圈的循环。

二、要素市场化与适度规模化之间的联动机制

1. 市场化程度提高能够促进农村集体经济规模化发展（方向②）

市场连接着国家、集体和个体，这些主体通过市场进行交易，市场

制度通过价格机制对这些多元利益主体进行监督、指导，并维持其稳定状态。市场导致了分工的出现，市场发育越成熟，分工越细致，经济效率越高。分工意味着在某一经济领域投入要素不断增加以达到收益最大化的目的，而收益最大化往往是在适度的规模下产生的。规模既不能太大也不能太小，投入的生产要素均需要适度规模化才能够带来集体收益最大化。当市场交易主体进行经济活动和博弈时，随着面临的外部环境发生改变，要素相对价格、信息成本、交易成本、技术成本都会随之发生改变，此时各主体收益—成本相对价格发生改变，原有的市场制度均衡被打破，各主体对市场制度创新的需求和供给也发生了相应变化。因此，市场化程度的提高促进了分工，进而促进了规模化的发展，但是规模化的发展要注意规模的适度性，要结合客观条件和禀赋，进行适度规模化发展。

2. 适度规模化发展到一定程度反过来又要求产权更加明晰（方向⑤）

市场发育越成熟，分工越细致，分工细致进一步要求产权主体和权利内容更加明晰。生产要素规模化发展后，都面临产权更加明晰的要求，如农民加入各种合作社以后，社员通过分工合作所相应匹配的收益需要重新界定。

三、适度规模化与现代化之间的联动机制

1. 适度规模化发展促进农村集体经济现代化发展（方向③）

根据规模经济理论，投入要素增加带来的收益增加具有一定界限，超过了临界值，边际收益下降。此时需要通过科技创新和技术进步，在要素上施加现代化手段，才能弥补适度规模化带来的增长瓶颈。图4-11显示了规模经营程度与收益的关系。S为经营规模大小（％），I_S为经营规模收益，INC_S为规模收益曲线。当技术水平不变时，随着经营规模程度不断提高，边际报酬递减规律使得规模收益曲线INC_S呈倒U形。

长期规模经营必然受到规模报酬递减的约束，必须以农业科技投入打破固有约束，带来收益持续增长。经营规模收益的增长瓶颈点是B

点。在 B 点之后通过引入新技术可以提高经营规模的收益，如图 4-12 所示。INC_S 为没有技术进步的规模收益曲线，INC_A 为加入技术进步后的规模收益曲线。①在无技术进步的假设条件下，随着经营规模程度的提高，经营收益以递减的速度增长，最终到达平缓。②在引入技术进步的假设下，随着经营规模程度的提高，经营收益有持续增长的空间。

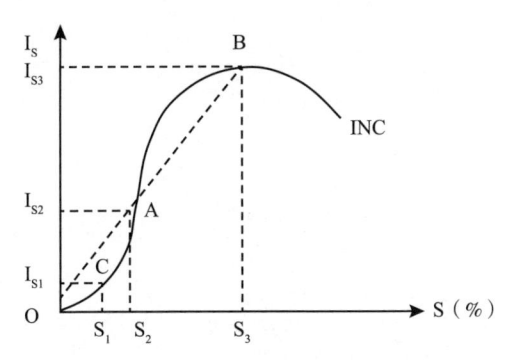

图 4-11 规模经营程度与规模收益的关系

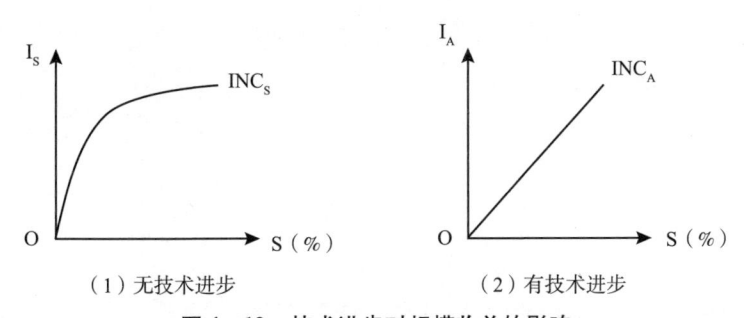

（1）无技术进步　　　　　　（2）有技术进步

图 4-12 技术进步对规模收益的影响

2. 现代化发展到一定程度反过来又要求产权更加明晰（方向⑥）

现代化发展以科技创新和技术进步为代表。科技创新和技术进步导致了新技术的产生，新技术的所有权、处置权以及技术应用后的使用权、收益权都发生了一系列的变化，因此技术进步可以促进产权的重新配置，明晰的产权结构又能够激励技术进步。一方面，由于产权具有可分性和可让渡性,技术进步打破了原来的产权制度安排,导致现有的产权主体所拥有的产权比例和配置状态发生了改变,权利在不同主体之间重新分配,使其向着帕累托效率更高的方向配置,技术进步促进了制度创新。另一方面,明晰的产权结构能保证技术进步的有效性,如专利和知识产权为技术创新提供了强有力的激励和保护。

第五章

中国农村集体经济高质量发展现状和特征的描述性分析

第一节　中国农村集体经济总收入及增速发展现状

农村集体经济是集体成员利用其所有的资源要素,通过合作与联合实现共同发展的一种经济形态,是社会主义公有制经济在农村的重要体现。2012~2019年,农村集体经济发展的状况得到了明显改观,农村集体经济经营收入和资产情况如表5-1所示,经营收入村占比年增长率如图5-1所示。2019年农村集体经济总资产、总收入及收益比2012年分别增长了132.58%、58.93%、82.16%。2019年总收入5683.4亿元,比2018年增长15.7%。

表5-1　2012~2019年中国农村集体经济经营收入情况

年份	村数（万个）	集体经济经营收入在不同区间的村数（万个）						资产和收入（亿元）		
		0	<5万元	5万~10万元	10万~50万元	50万~100万元	>100万元	总资产	总收入	收益
2012	58.9	31.1	15.1	5.2	4.8	1.2	1.5	21786.3	3576	1109.2
	占比（%）	52.80	25.64	8.83	8.15	2.04	2.55			
	增长率（%）*	0.32	-5.03	4.00	6.67	9.09	7.14			

续表

年份	村数（万个）	集体经济经营收入在不同区间的村数（万个）						资产和收入（亿元）		
		0	<5万元	5万~10万元	10万~50万元	50万~100万元	>100万元	总资产	总收入	收益
2013	58.7	32	13.7	5.2	4.9	1.3	1.6	23976.1	3871.9	1204.6
	占比（%）	54.51	23.34	8.86	8.35	2.21	2.73			
	增长率（%）	3.24	-8.96	0.34	2.43	8.70	7.03			
2014	58.4	32.3	12.7	5.3	5.2	1.3	1.7	26137.7	4005.8	1319.4
	占比（%）	55.31	21.75	9.08	8.90	2.23	2.91			
	增长率（%）	1.46	-6.82	2.45	6.67	0.51	6.80			
2015	58	31.1	13.1	5.6	5.2	1.3	1.7	28605.1	4099.5	1416.7
	占比（%）	53.62	22.59	9.66	8.97	2.24	2.93			
	增长率（%）	-3.05	3.86	6.39	0.69	0.69	0.69			
2016	55.9	28.7	13.1	5.7	5.2	1.4	1.8	31020.8	4256.8	1457.9
	占比（%）	51.34	23.43	10.20	9.30	2.50	3.22			
	增长率（%）	-4.25	3.76	5.61	3.76	11.74	9.86			
2017	56.3	26.2	13.7	6.6	6.2	1.6	2.1	34372.9	4627.6	1586.9
	占比（%）	46.54	24.33	11.72	11.01	2.84	3.73			
	增长率（%）	-9.36	3.84	14.97	18.38	13.47	15.84			
2018	54.5	19.5	15.2	8.3	7.6	1.8	2.2	42442.9	4912	1691.5
	占比（%）	35.82	27.87	15.23	13.94	3.30	4.04			
	增长率（%）	-23.02	14.55	29.91	26.63	16.22	8.22			
2019	55.4	15.96	16.01	9.98	9.37	1.87	2.25	50670.0	5683.4	2020.5
	占比（%）	28.79	28.89	18.00	16.90	3.40	4.10			
	增长率（%）	-19.64	3.63	18.19	21.19	2.94	1.57			

注：*"增长率"指占比后一年与前一年相比的增长率。

资料来源：2012~2015年的数据来自《中国农业统计资料》，2016~2018年的数据来自《中国农村经营管理统计年报》，2019年数据来自《2019年中国农村政策与改革统计年报》。

第五章 中国农村集体经济高质量发展现状和特征的描述性分析

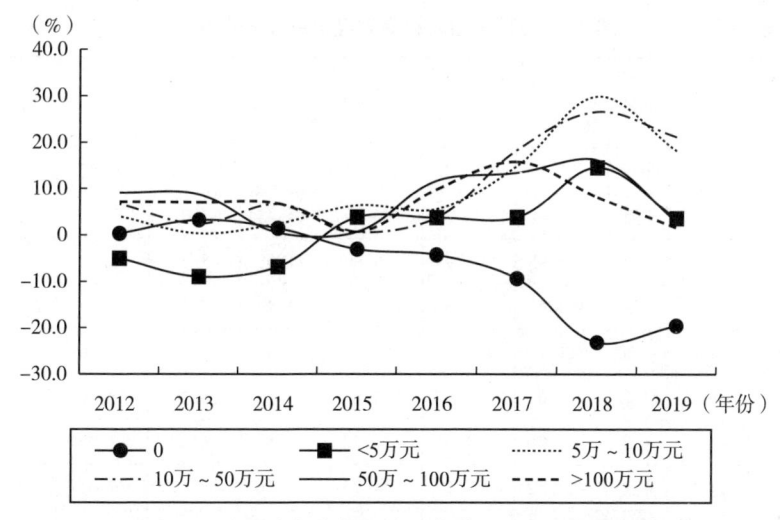

图 5-1 中国农村集体经济经营收入村占比年增长率

从村占比角度来看，2019 年"空壳村①"占总村数的 57.68%，比 2018 年减少了 6.02%，比 2012 年减少了 21.95%；无收益的村占比逐年减少，到了 2019 年仅剩 28.79% 无收益村；50 万~100 万元以及大于 100 万元的村数占比虽然较少，但也呈现逐年增加的趋势；其余区间的村占比均呈现不同程度的增加趋势。

从村占比增长率角度来看，图 5-1 显示出 10 万~50 万元、5 万~10 万元和小于 5 万元这三种类型的村增长潜力较大，2019 年比 2012 年分别增加了 14.52%、14.19% 和 8.66%。由此可见，农村集体经济发展状况有了较大的改善，低经营收入的村数越来越少，高经营收入的村数越来越多。

中国农村集体经济高质量发展现状也体现在各地区农村集体经济组织总收入以及增速方面，如表 5-2 所示。

---

① "空壳村"是指村集体经济组织没有经营收益或经营收益在 5 万元以下的村。

表5-2　　　30个省份及全国农村集体经济总收入及增速

序号	省份	地区	总收入（亿元） 2017年	2018年	2019年	增速（%） 2018年	2019年	平均	排名
1	全国	全国	4627.60	4912.00	5683.39	6.15	15.70	10.92	15
2	北京	东部	197.48	225.78	232.59	14.33	3.01	8.67	18
3	天津	东部	79.95	93.93	89.00	17.48	-5.25	6.12	23
4	河北	东部	194.52	191.63	206.56	-1.49	7.79	3.15	29
5	山西	中部	111.11	128.20	157.10	15.38	22.55	18.96	7
6	内蒙古	西部	31.05	35.80	49.87	15.28	39.30	27.29	6
7	辽宁	东北	48.00	47.23	44.22	-1.59	-6.38	-3.99	31
8	吉林	东北	27.52	29.52	31.76	7.26	7.57	7.41	21
9	黑龙江	东北	35.63	41.62	61.86	16.82	48.63	32.73	4
10	上海	东部	141.59	141.70	148.09	0.08	4.51	2.29	30
11	江苏	东部	412.33	438.23	463.11	6.28	5.68	5.98	24
12	浙江	东部	423.47	492.57	562.92	16.32	14.28	15.30	9
13	安徽	中部	105.14	106.69	134.38	1.48	25.96	13.72	11
14	福建	东部	115.56	138.64	148.62	19.97	7.19	13.58	13
15	江西	中部	79.18	79.98	93.15	1.01	16.47	8.74	17
16	山东	东部	555.18	583.86	626.87	5.17	7.37	6.27	22
17	河南	中部	190.81	191.11	223.18	0.16	16.78	8.47	19
18	湖北	中部	193.92	204.96	236.05	5.69	15.17	10.43	16
19	湖南	中部	196.72	210.03	264.99	6.77	26.16	16.47	8
20	广东	东部	894.31	920.89	1144.04	2.97	24.23	13.60	12
21	广西	西部	32.27	33.21	35.80	2.92	7.78	5.35	26
22	海南	东部	25.39	32.73	76.40	28.92	133.41	81.16	1
23	重庆	西部	45.51	46.31	49.20	1.74	6.24	3.99	28
24	四川	西部	116.70	121.32	130.38	3.96	7.46	5.71	25
25	贵州	西部	67.98	68.90	74.89	1.35	8.70	5.03	27
26	云南	西部	141.18	148.75	173.52	5.36	16.65	11.00	14

续表

序号	省份	地区	总收入（亿元）			增速（%）			排名
			2017年	2018年	2019年	2018年	2019年	平均	
27	陕西	西部	95.33	96.24	111.07	0.96	15.41	8.18	20
28	甘肃	西部	23.83	无	32.24	无	无	35.31	3
29	青海	西部	4.56	9.44	11.67	107.06	23.64	65.35	2
30	宁夏	西部	10.33	13.80	13.05	33.61	-5.46	14.08	10
31	新疆	西部	31.06	38.92	51.38	25.29	32.02	28.65	5

资料来源：2017年和2018年数据源自相应年份的《中国农村经营管理统计年报》《中国农村政策与改革统计年报》。按照2018年和2019年平均增速进行排名。

对各地区农村集体经济组织总收入增速进行整理，表5-3列示了农村集体经济总收入平均增速的地区趋势，可以看出中国农村集体经济发展不平衡现象十分突出。从区域分布来看，农村集体经济组织在不同地区发展速度的变化趋势差异较大，其中东部地区的海南、浙江呈快速增长的趋势，中部地区的山西、湖南、安徽呈快速增长趋势，西部地区的青海、甘肃、新疆呈快速增长趋势，东北地区的黑龙江呈快速增长趋势。其余地区均呈中速增长和缓慢增长状态。快速增长地区往往是农村集体经济组织总收入基数较小的地区，如海南、青海、甘肃、宁夏。2012年浙江和宁夏就作为农村综合改革示范试点开始扶持村级集体经济发展，2016年中央又在此基础上增加了河北、辽宁、江苏、安徽、江

表5-3　农村集体经济总收入增速的地区趋势

增长趋势	东部地区	中部地区	西部地区	东北地区
快速增长	海南、浙江	山西、湖南、安徽	青海、甘肃、新疆	黑龙江
中速增长	广东、福建、北京、山东、天津	湖北、江西	内蒙古、宁夏、云南、陕西	吉林
缓慢增长	江苏、河北、上海	河南	四川、广西、贵州、重庆	辽宁

注：此表仅代表了各地区农村集体经济总收入2018年和2019年平均增速的排序结果。

西、山东、河南、广东、广西、贵州、云南11个省份。海南在2020年出台了18条措施壮大农村集体经济，从人才政策、盘活农村资源要素、创新财税金融政策等方面大力发展农村市场主体、壮大农村集体经济。

第二节 中国农村集体经济高质量发展影响因素现状

一、农村土地产权制度创新

产权是市场经济的基石。随着市场经济体制的确立，产权在市场经济中发挥的作用和影响也越来越大，中国对产权的重视程度和研究力度越来越大。中国农村集体经济产权制度改革经历了农业合作化、家庭联产承包责任制、承包地"三权分置"、宅基地"三权分置"、农村集体经营性建设用地允许入市、农村集体产权制度改革等一系列产权制度的深化改革。

中国农村集体经济的发展始于农村土地产权制度改革，如表5-4所示，改革开放前中国农村集体经济经历了"农民所有、农民经营"到"农民所有、集体经营"，再到农村土地"集体所有、集体统一经营"的过程。土地产权制度改革见证了农村集体经济高质量发展和运行中产权逐渐明晰。

表5-4　　改革开放前中国农村集体经济产权制度变迁历程

项目	1949~1952年	1953~1956年	1957~1978年
土地产权	农民私有	农民私有	集体公有
经营制度	私营	合营	共营
实现形式	家庭	互助组、初级社	高级社、人民公社

新中国成立后,土地改革运动使得全国近3亿农民无偿获得了7亿亩土地和大批生产资料,土地归农民所有,农民既是土地所有者,又是土地的自由经营者,这极大调动了农民的劳动积极性、刺激了农业生产总值的增长。1952年,全国农业总产值达到了483.9亿元,比1949年增长了48.3%[①]。土地归农民所有后的分散经营面临着生产力落后的困难,中国共产党和政府进行了农业合作化运动。

初级社时期,土地属于农民个体所有,入社成员以土地和其他生产资料入股,交由集体统一经营,土地和其他生产资料的所有权与经营权分离,集体享有生产资料的实际使用权。虽然集体对土地具有经营权,但是集体实行按劳分配的分配制度,农户享有个体收益权,农民个体利益与集体利益有机结合,有效保护了农民利益。

高级社时期,农民原先私有的土地一律无偿转为合作社集体所有,牲畜、大型农具等主要生产资料则按当时当地价格有偿入社,农民失去了土地所有权,仅保留了土地使用权。意味着中国农村土地制度的根本变化,几千年的小农经济制度被废弃,农村土地由农民私有制向集体公有制转变。高级社实行"按劳分配,不分男女老少,同工同酬"平均主义使得农民个体的收益权在集体中无法体现,影响了农民的生产积极性,集体经济发展质量并不高。退社不自由违背了集体合作的"自愿互利"原则,农民个体利益被损害,这一切都是由产权结构变更带来的经济效率损失。在宅基地上,农民的房屋地基不必入社,仍保持了私有属性,农民买卖、抵押、租赁房屋的权利受到保护。

人民公社时期,农民个体的自留地、林木等也收为公社所有,实现了更高程度的农村集体土地所有制。集体收益权被国家、公社、生产队和农民分体所分割。仍旧以平均主义为原则,按照"工资制加供给制"统一分配。农民作为集体内最主要的劳动成员,无法决定其自身收益权的比例,劳动付出与收益不成比例。人民公社制度缺乏对社员的激励机

[①] 韩俊、宋洪远:《新中国70年农村发展与制度变迁》,人民出版社2019年版,第98页。

制和对监督者的监督机制,农民不能自主地追求自己的经济利益。这种高度集中的计划管理体制和绝对平均主义挫伤了农民的生产积极性,农业生产力受到严重束缚。1958~1978 年这 20 年间,集体经济发展最为缓慢,农业总产值年均增长只有 2.6%;人民生活水平也几乎陷入停滞,农民人均纯收入平均每年只增加 2.88 元,社员从集体分配得到的收入人均每年只增加 2 元,到 1978 年,贫困发生率高达 30.7%[①]。

1982 年家庭联产承包责任制在农村全面确立,农民获得了土地的经营权,所有权仍属国家所有。双层经营体制克服了平均主义、吃大锅饭、"政社合一"等弊端,解放了生产力,农业得到迅速发展。1978~1990 年,农业生产总值从 1288.7 亿元增加到 5062.0 亿元,增长 192.8%[②]。中国农村土地产权制度改革主要进行了承包地"三权分置"、宅基地"三权分置"、集体经营性建设用地允许入市,与农村土地产权制度改革相关的主要文件名称及主要内容如表 5-5 所示。

表 5-5　　中国农村土地产权制度改革主要文件及内容

承包地"三权分置"		
时间	出台文件名称	主要内容
1993 年	《中共中央、国务院关于当前农业和农村经济发展的若干政策措施》	允许土地使用权依法有偿转让
2003 年	《中华人民共和国农村土地承包法》	土地承包经营权可以转包、出租、互换、转让
2009 年	《中共中央、国务院关于 2009 年促进农业稳定发展农民持续增收的若干意见》	不得改变土地用途
2016 年	《关于完善农村土地所有权承包权经营权分置办法的意见》	对"三权分置"系统性概述

---

① 韩俊、宋洪远:《新中国 70 年农村发展与制度变迁》,人民出版社 2019 年版,第 107 页。

② 韩俊、宋洪远:《新中国 70 年农村发展与制度变迁》,人民出版社 2019 年版,第 77 页。

续表

宅基地"三权分置"		
时间	出台文件名称	主要内容
1950 年	《中华人民共和国土地改革法》	宅基地为农民个体所有,可以买卖出租继承
1962 年	《农村人民公社工作条例》	宅基地属于集体所有不准出租和买卖
1986 年	《中华人民共和国土地管理法》	限制宅基地占用耕地,非农户口可向县政府申请宅基地
1995 年	《中华人民共和国担保法》	宅基地所有权、使用权不得抵押
2007 年	《中华人民共和国物权法》*	宅基地集体所有,宅基地使用权不得抵押
2014 年	《关于农村土地征收、集体经营性建设用地入市、宅基地制度改革试点工作的意见》	探索多种形式农民住房保障、超标宅基地有偿使用和进城落户农民宅基地有偿退出机制
2018 年	《关于实施乡村振兴战略的意见》	宅基地所有权、资格权、使用权"三权分置"改革
2019 年	新修订的《中华人民共和国土地管理法》	允许已经进城落户的农村村民自愿有偿退出宅基地

集体经营性建设用地允许入市		
时间	出台文件名称	主要内容
1986 年	《中华人民共和国土地管理法》	集体土地被禁止直接参与城镇开发
2013 年	《中共中央关于全面深化改革若干重大问题的决定》	在符合用途管制前提下允许农村集体经营性建设用地出让、租赁、入股
2015 年	《关于农村土地征收、集体经营性建设用地入市、宅基地制度改革试点工作的意见》	"三块地"其中部分改革措施突破了之前《土地管理法》和《城市房地产管理法》的规定
2018 年	《中华人民共和国土地管理法(修正案)》	对集体经营性建设用地解除了入市限制
2019 年 1 月	中央一号文件《中共中央国务院关于坚持农业农村优先发展做好"三农"工作的若干意见》	农村集体经营性建设用地按出让、租赁、作价出资(入股)等有偿使用方式入市

续表

集体经营性建设用地允许入市		
时间	出台文件名称	主要内容
2019年4月	《中共中央国务院关于建立健全城乡融合发展体制机制和政策体系的意见》	建立集体经营性建设用地入市制度
2019年8月	新修订的《中华人民共和国土地管理法》	允许集体经营性建设用地入市

注：＊2020年5月28日，十三届全国人大三次会议表决通过了《中华人民共和国民法典》，自2021年1月1日起施行，《中华人民共和国物权法》同时废止。

1. 承包地"三权分置"

2013年中央一号文件要求在五年内完成农村土地确权登记颁证工作。2014年12月出台的《关于农村土地征收、集体经营性建设用地入市、宅基地制度改革试点工作的意见》，是农村"三块地"改革的历史性转折文件，从这一文件开始，农村"三块地"改革开始有序进行。2016年中央印发了《关于完善农村土地所有权承包权经营权分置办法的意见》，这是继农村土地所有权和承包经营权分离后的再一次农地产权制度创新，承包地经营主体和承包主体发生分离，承包权与经营权的相对独立，农地的使用权、收益权、处置权等基本权能在各经济主体之间发生了分离并重新组合。农地"三权分置"引导了农村承包地流转，使得规模经营得以实现，粮食产量连增。2015年农民人均纯收入突破万元大关，达到10772元，比2014年增加了8.9%[①]，提高了小农户及其他经营主体的农地收益。"三权分置"为发展多种形式适度规模经营奠定了基础。国家为了稳定农民预期，早在1984年中央一号文件就规定了"土地承包期一般应在15年以上"，1998年党的十五届三中全会规定"土地承包期再延长30年"，2017年党的十九大报告指出"保持土地承包关系稳定并长久不变，第二轮土地承包到期后再延长30年"，即2028年第二轮土地承包到期后土地承包期再延长30年，这意味着

---

① 资料来源：国家统计局。

2058年前后，形成了一个75年的土地承包期限。"长久不变"的土地制度使得农民对未来土地的预期相对稳定。

2. 宅基地"三权分置"

2018年中央一号文件提出"探索宅基地所有权、资格权、使用权'三权分置'"。宅基地"三权分置"通过发展特色旅游、民宿经济、电商经济等把农村沉睡的土地资源变成可以带来收益的资产，大大提高了土地使用效率，增加了农民的财产性收入，实现了城乡要素双向流动，促进了城乡融合发展。

3. 集体经营性建设用地允许入市

从用地性质和用地主体看，农村集体建设用地包括宅基地、公益事业和公共设施建设用地、集体经营性建设用地三种类型。2019年修订的《土地管理法》允许集体经营性建设用地入市、鼓励依法自愿有偿退出宅基地，让符合规划和用途管制的集体经营性建设用地直接进入市场，以公开规范的方式进行流转，有利于维护农民的土地权益。

二、农村集体产权制度创新

农村集体产权制度改革主要解决农村集体资产产权归属不清晰、权责不明确等问题，赋予农民对集体资产股份占有、收益、有偿退出及抵押、担保、继承权。2016年中央颁布了《关于稳步推进农村集体产权制度改革的意见》，明确指出要"逐步构建归属清晰、权能完整、流转顺畅、保护严格的中国特色社会主义农村集体产权制度"。党的十九大报告强调"深化农村集体产权制度改革，保障农民财产权益，壮大农村集体经济"，为中国农村集体经济的发展提供了战略规划与政策支持，指明了发展方向。

推进集体产权制度改革有助于促进农村集体经济的高质量发展，产权明晰可以促进生产要素的自由流动，加快农村集体经济市场化进程，进而有利于增强农村集体经济发展的活力。农村集体产权制度改革中的核算集体经济资产、健全管理制度，有助于吸引外来资本和技术进驻农村产业化建设，有助于加快农村集体经济现代化进程。农村集体经济组织是农村集体产权制度实现的重要载体,探索集体经济的有效组织形式和构建农村集体经济组织现代企业管理制度,有助于发挥集体经济组织提供公共服务、满足人民日益增长的美好生活需要。表5-6列示了中国农村集体产权制度改革情况,完成产权制度改革的村组有较大增幅,2019年完成产权制度改革的村比2018年增长了141.09%,占全国总村数的63.2%,比2018年提高了37.0个百分点;完成产权制度改革的组比2018年增长了252.0%。分地区来看①,2019年东部地区完成产权制度改革的村占比最大,东部、中部、西部地区各有19.97万个、11.92万个、4.96万个村完成产权制度改革,分别占各地区村数的83.8%、66.6%和29.9%,分别占全国完成产权制度改革村数的54.2%、32.3%和13.5%,其中山东、河南、河北、浙江四省完成产权制度改革的村数超过2万个,占全国完成村数的52.7%。四川、重庆、广西、

表5-6　　　　　　　中国农村集体产权制度改革情况

年份	级别	完成农村集体产权制度改革单位数(个)	改革试点量化资产(亿元)		股东总数(万个)		
			总额	经营性资产	总数	成员股东数	集体股东数
2018	总计	217604	12839.77	7774.45	25996.41	24764.93	242.54
	组级	64696	1129.23	653.79	1261.41	1172.19	2.99
	村级	152883	10380.44	6147.82	24382.9	23405.03	157.11
2019	总计	594604	19389.47	10883.06	71031.76	60629.17	470.8
	组级	225642	2273.09	1315.24	3754.87	3677.39	14.05
	村级	368582	16467.8	8997.38	66645.67	56358.91	453.12
增速(%)	总计	173.25	51.01	39.98	173.24	144.82	94.11
	组级	248.77	101.30	101.17	197.67	213.72	369.90
	村级	141.09	58.64	46.35	173.33	140.80	188.41

资料来源:《2018年中国农村经营管理统计年报》《2019年中国农村政策与改革统计年报》。

---

① 分地区数据来自《2019年中国农村政策与改革统计年报》,第110~112页。

广东、云南、山西完成产权制度改革的组数超过1万个,占全国完成组数的87.9%。在改革试点量化资产总额方面,2019年已完成产权制度改革的村量化资产总额比2018年增长58.64%。完成产权制度改革的组量化资产总额比2018年增长101.30%。在股东占比以及股东分红方面,村级成员股东占比超过80%,股东人均分红364元。2019年完成集体产权制度改革的村设立股东比2018年增长173.33%,其中集体股东453.12万个、成员股东5.6亿人,分别占股东总数的6.8%和84.6%。完成集体产权制度改革的组设立股东3754.87万人(个),其中集体股东和成员股东分别占股东总数的0.4%和97.9%。

三、科技创新和技术进步

农业的根本出路在科技。党的十一届三中全会提出,"要走出一条适合中国情况的农业现代化的道路"。党的十七届三中全会提出,"家庭经营要向采用先进科技和生产手段的方向转变,增加技术资本等生产要素投入,着力提高集约化水平"。2010年中央一号文件提出"提高农业生产经营组织化程度,着力推动家庭传统手工经营向采用先进科技和生产手段的方向转变,推动统一经营向发展农户联合与合作,形成多元化、多层次、多形式经营服务体系的方向转变"。这表明单靠小农户传统手工经营已经难以适应农业农村现代化发展的需要,不仅需要将小农户联合起来,而且要采用先进的生产方式和技术,使得组织的业务和经营范围覆盖面广、业务专业、沟通灵活。党的十八大以来,国家实施科技创新驱动发展战略,加大对农业科技创新的支持力度,深化农业科技体制改革,加快构建适应农业高质量发展的科技创新体系。表5-7为农业科技进步贡献率与科技进步贡献率。2018年中国的科技进步贡献率为58.7%,比2017年提高了0.9个百分点,增速为1.56%。2018年中国农业科技进步贡献率达到了58.3%,比2018年提高了0.8个百分点,增速为1.39%。从图5-2可以看出,中国农业科技进步贡献率与科技进步贡献率齐头并进,2005年农业科技进步贡献率比科技进步贡献率要高出8%，直到2016年以后，科技进步贡献率才比农业科技进步贡献率高。2019年中国农业科技进步贡献率比2005年高出了11.2个百分点，2015~2019年农业科技进步贡献的增长率平均为1.17%。

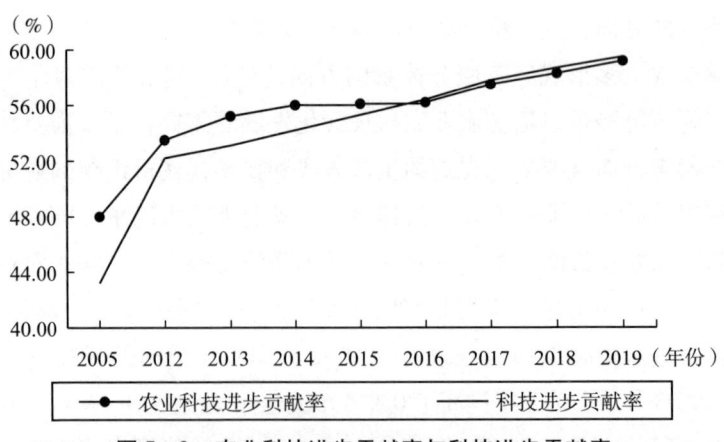

表5-7 农业科技进步贡献率与科技进步贡献率（2005~2019年）　　单位：%

年份	农业科技进步贡献率	科技进步贡献率
2005	48.00	43.20
2012	53.50	52.20
2013	55.20	53.10
2014	56.00	54.20
2015	56.10	55.30
2016	56.20	56.40
2017	57.50	57.80
2018	58.30	58.70
2019	59.20	59.5

资料来源：国家统计局。

图5-2 农业科技进步贡献率与科技进步贡献率

中国历年农业科技进步贡献率与科技进步贡献率逐年增加，但仍不及农业科技进步贡献率高达 90% 以上的美国、德国、荷兰、以色列等农业现代化程度较高的国家。农业科技进步贡献率与科技进步贡献率二者相差不大，因此在后续章节的计量分析中，使用与中国整体科技相关变量来代替农业科技相关变量是具有可行性的。

2019 年中国 R&D 经费投入总量为 22143.6 亿元，比上年增长 12.5%。R&D 经费投入强度为 2.23%，比上年提高 0.09 个百分点。2019 年中国东部、中部、西部地区 R&D 经费分别比上年增长 10.8%、17.7% 和 14.8%，京津冀、长三角地区 R&D 经费分别比上年增长 14.0% 和 12.9%，长江经济带 R&D 经费突破万亿，达到 10562.5 亿元，比上年增长 14.7%[①]。党的十九大以来，中国农业科技有长足的发展和进步，农业科技进步贡献率从 2013 年的 55.20% 增加到 2019 年的 59.20%，增长了 7.25%。2019 年国家财政科学技术支出为 10717.4 亿元，比上年增加 1199.2 亿元，增长了 12.6%[②]。科技成果转化进一步加快，创新推广成果转化、应用模式体制机制，如"专家＋农技推广人员＋示范户"模式取得了很好的效果。

四、人力资本

在组织规模方面，1984 年后以社队企业为前身的乡镇企业"异军突起"，吸收了剩余劳动力，发展迅速，增加了集体收入。乡镇企业作为一种组织，规模适中，但组织内"政经合一"的管理方式效率不高，导致了部分集体财产的损失。在组织规模化方面，农民专业合作社和土地股份合作社成为组织发展的主流，农民组织化程度进一步提高，各项法律法规逐步完善。

在推进农民合作社高质量发展的方面，《关于开展农民合作社规范提升行动的若干意见》在全国 158 个县区市开展农民合作社质量提升整县推进试点。表 5－8 为 2019 年全国农民专业合作社情况。2019 年，全

[①②] 资料来源：《2019 年全国科技经费投入统计公报》。

国县级及以上示范社15.7万个,占农民合作社总数的8%。2019年,农民合作社总数达193.5万个,比2018年增长了2.3%,数量增速趋缓。增速较上年下降了5.6个百分点,增速明显趋缓。①按照成员类型划分,农民专业合作社包括普通农户、家庭农场、企业以及其他。普通农户6372.3万个,占比95.4%,超9成,农民主体地位突出;家庭农场成员210.2万个,占比3.1%;企业成员28.3万个,占比0.4%;其他成员72万个,占比1.1%。②农民合作社牵头领办人身份多元,农民牵头的超过八成。③按照从事行业划分,占比最大的是从事种植业,农民合作社数量为105.6万个,占比为54.6%。种植业、林业和服务业合作社数量稳步增加,分别比2018年增长了2%、4.1%和4.9%。④按照经营服务内容划分,实行产加销一体化服务的合作社有104.2万个,占比53.9%,超过了半数。以运销、加工服务为主的合作社,分别比2018年增长了117.5%和57.1%。⑤新产业新业态合作社发展快速,开展电子商务的合作社有3.9万个,开展休闲农业和乡村旅游的合作社有1.3万个,分别比2018年增长97.1%和76%。

表5-8　　　　　　全国农民专业合作社情况(2019年)

序号	合作社数	合计(个)	比上年增长(%)
1	农民专业合作社总数	1935273	2.3
	其中:示范社数	157141	-1.8
2	农民专业合作社成员数	66827867	-7.1
	其中:普通农户数	63722642	9.8
	其中:家庭农场成员数	2101709	-2.5
	其中:企业成员数	283138	1.8
	其中:其他团体成员数	720378	144.8
3	种植业合作社数	1056353	2
	林业合作社数	117307	4.1
	服务业合作社数	153687	4.9

续表

序号	合作社数	合计（个）	比上年增长（%）
4	产加销一体化服务的合作社数	1042378	3.1
	运销服务为主的合作社数	84085	117.5
	加工服务为主的合作社数	60095	57.1
5	开展农村电子商务的合作社数	39194	97.1
	开展休闲农业和乡村旅游的合作社数	12899	76

资料来源：《2019年中国农村政策与改革统计年报》。

许多农村集体经济在发展过程中，虽然开始逐渐认识到资金、资源等要素的作用，但还是主要注重对有形要素的分配，忽视管理、技术等无形要素的分配，这势必影响农村集体经济经营管理者的积极性和主动性，制约人力资本在集体经济内部的积累，导致管理人才的缺乏。在经营管理者既没有得到充分激励又没有有效的外在监督的条件下，农村集体经济的内部效率损失是必然的。中国今后农村集体经济国家制度创新方面，不仅关注"分"，更要关注"统"，此时的"统"明显不同于改革开放前的"统"，而是要在乡村振兴和农业农村优先发展的大背景下，统筹规划农村集体经济中的各个要素，做到劳动力、土地、资本、知识、技术、管理和数据的高效率合作。

在劳动力质量方面，表5-9列示了2018年和2019年全国农经队伍情况。2019年县乡在编人员中专及其以上人数达到8.1万人，比去年降低21.68%。具有专业技术职称的县、乡农经在编人员，从4.88万人降低到3.43万人，降低了29.64%。

表5-9　　　　　　　　　　全国农经队伍情况

序号	指标	2018年	2019年	比上年增长（%）
1	农经队伍实有人数（人）	142743	109986	-22.95
	农经队伍在编人数（人）	115715	92219	-20.31

续表

序号	指标	2018年	2019年	比上年增长（%）
2	中专以上学历人数（人）	103359	80953	-21.68
	其中：大专及其以上人数（人）	85045	67086	-21.12
3	专业技术职称人数（人）	48787	34327	-29.64
	其中：高级职称人数（人）	5281	5467	3.52
	其中：中级职称人数（人）	23542	19044	-19.11
4	省地县乡四级实有农经人员（人）	142743	109986	-22.95
	在编人数（人）	115712	92219	-20.30
5	农经机构数（个）	39142	27738	-29.13
	其中：省级机构数（个）	89	86	-3.37
	其中：地级机构数（个）	491	497	1.22
	其中：县级机构数（个）	2977	2861	-3.90
	其中：乡级机构数（个）	35585	24294	-31.73

资料来源：2018年数据来自《2018年中国农村经营管理统计年报》，2019年数据来自《2019年中国农村合作经济统计年报》。

在高质量劳动力数量方面，2019年全国省地县乡四级实有农经人员约11万人、在编人员9.2万人，分别较去年减少22.95%和20.3%。全国农经机构共计2.78万个，比去年下降29.13%，其中省级农经机构数减少3.37%，县级机构数减少3.9%，乡级机构数减少31.73%。

五、资金投入

1979~1993年国家设立农业发展专项资金和农业综合开发资金，利用外资投入农业，扩大银行的农业信贷资金规模，多渠道增加农业基础设施建设和生态建设投入。1993年通过的《中华人民共和国农业法》明确要求，财政对农业投入的增长幅度应高于财政经常性收入的增长幅度，1995年党的十五届三中全会首次提出"多予少取"的政策取向。

国家财政用于农业的支出及其百分比如图 5-3 所示。"六五"时期（1981~1985 年）财政支农资金累计 660 亿元，占财政总支出的 8.8%；"七五"时期（1986~1990 年）财政支农资金累计 1167 亿元，比"六五"时期增加了 67%。"八五"（1991~1995 年）至"十五"（2001~2005 年）时期，财政支农资金每隔 5 年增加一倍，"十一五"（2006~2010 年）和"十二五"时期（2011~2015 年）财政支农资金均比上个 5 年增长 1.5 倍。2019 年国家财政用于农业的支出为 22862.8 亿元，增长了 8.43%。

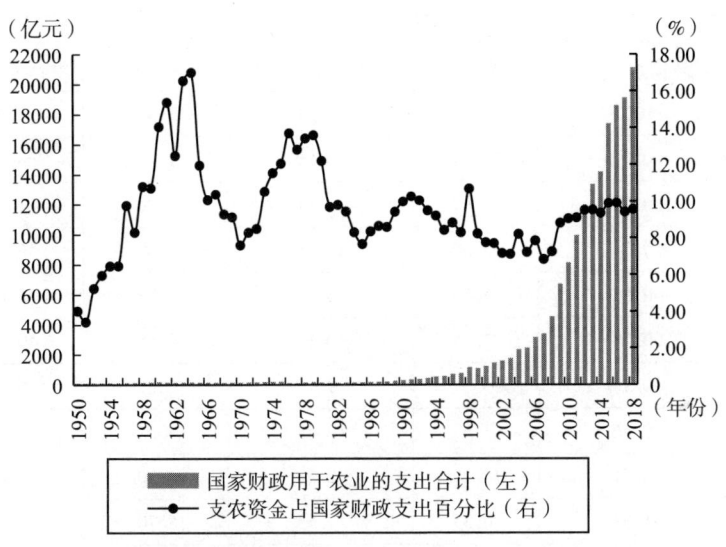

图 5-3　国家财政用于农业的支出及其百分比

资料来源：国家统计局和 EPS 三农数据库。

六、农地流转

农村土地从 1982 年"不准出租、不准转让"，到 1984 年"允许农地向种田能手集中"，再到 1995 年农地可以真正流转起来。农地市场制度创新通过农地流转满足了农民流转农地的需求，迎合了农民通过农地获得财产性收入的愿望，使得农民获得了农地收益权，农民收入增加。

农地流转的正规化及允许承包经营权入股有助于增加农村集体经济组织的收益和农民的收入，有助于农业适度规模化经营和实现农业农村现代化。表5-10列示了全国农地流转比例及其增长率。2011年底，农地流转比例为17.80%，2013年党的十八届三中全会提出"允许农民以承包经营权入股发展农业产业化"，2013年农地流转比例增加到25.70%，比2011年增加了44.38%；到了2019年农地流转比例已达35.90%，比2011年增加了1.02倍。

表5-10　　　　　　全国农地流转比例及其增长率

年份	家庭承包经营耕地流转面积（亿亩）	流转面积增速（%）	家庭承包经营耕地面积（亿亩）	农地流转比例（%）	农地流转比例增长率（%）
1999	0.35	无	22.51	1.56	无
2000	0.41	17.14	20.89	1.98	26.92
2001	0.48	17.07	21.64	2.20	11.11
2002	0.54	12.50	17.95	3.00	36.36
2003	0.56	3.70	14.90	3.78	26.00
2004	0.58	3.57	10.31	5.65	49.47
2005	0.55	-5.17	9.10	6.01	6.37
2006	0.56	1.82	12.28	4.52	-24.79
2007	0.64	14.29	12.31	5.20	15.04
2008	1.09	70.31	12.53	8.70	67.31
2009	1.5	37.61	12.50	12.00	37.93
2010	1.87	24.67	12.74	14.70	22.50
2011	2.28	21.93	12.77	17.80	21.09
2012	2.78	21.93	13.10	21.50	20.79
2013	3.41	22.66	13.27	25.70	19.53
2014	4.03	18.18	13.29	30.40	18.29
2015	4.47	10.92	13.42	33.30	9.54
2016	4.79	7.16	13.64	35.10	5.41

续表

年份	家庭承包经营耕地流转面积（亿亩）	流转面积增速（%）	家庭承包经营耕地面积（亿亩）	农地流转比例（%）	农地流转比例增长率（%）
2017	5.12	6.89	13.85	36.98	5.34
2018	5.39	5.27	15.93	33.83	-8.51
2019	5.55	2.97	15.46	35.90	6.13

注：农地流转指的是家庭承包经营耕地的流转。农地流转比例（%）=农地流转面积（亿亩）/农地总面积（亿亩）。

资料来源：1999~2010年数据来自赵德起（2014）[1]，2011~2018年数据来自历年《中国农村经营管理统计年报》，2019年数据来自《2019年中国农村政策与改革统计年报》。

从表5-10中可以看出农地面积普遍增加。2019年，全国农地面积达15.46亿亩，较2017年的13.85亿亩增长了11.62%，其中承包地确权15.04亿亩；农地流转面积5.55亿亩，较2018年增长2.97%。2019年底，全国家庭承包经营农户2.2亿户，已签订家庭承包合同2.13亿份，已颁发土地承包经营权证2.04亿份，2019年底全国农村集体机动地面积6805.56万亩，比2017年增长了104.88%[2]。

图5-4显示了全国农地流转比例及其增长率的趋势。整体来看，1999~2019年，全国农地流转比例呈增长趋势，前期在2006年轻微下降，后期在2018年有所下降。全国农地流转比例的增长率在2004~2010年出现大幅度波动，2010~2019年波动幅度较小，增长较为平稳，农地流转趋于均衡。

在各省份农地流转方面，1/3的省份流转面积下降。如表5-11所示，农地流转面积增速超过10%的省份有7个，从高到低依次是广西（18.76%）、四川（18.33%）、贵州（16.38%）、广东（16.07%）、新疆（13.06%）、山东（12.24%）、云南（11.89%）。流转面积降幅超

---

[1] 赵德起、姚明明：《农民权利配置与收入增长关系研究》，载于《经济理论与经济管理》2014年第11期。
[2] 农业农村部政策与改革司：《2019年中国农村政策与改革统计年报》，中国农业出版社2019年版。

过1%的省份有6个省份，从高到低依次是海南（-34.75%）、山西（-13.00%）、河北（-10.71%）、陕西（-5.82%）、青海（-3.47%）、河南（-2.99%）。

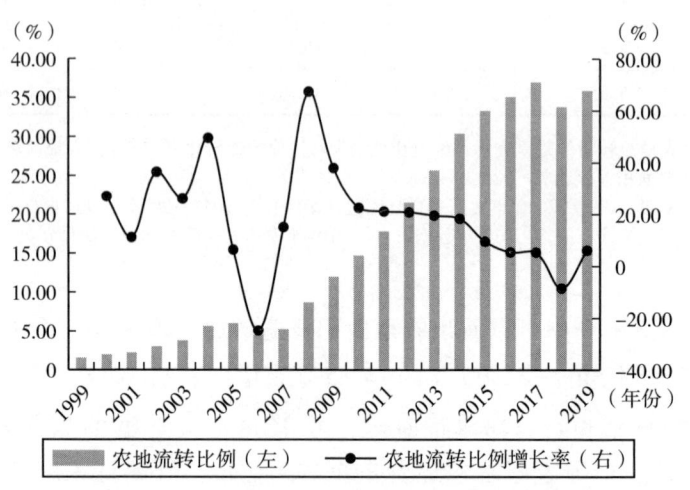

图5-4 全国农地流转比例及其增长率趋势

表5-11 30个省份及全国农地流转面积、流转比例及其增速（2019年）

地区	农地总面积（亿亩）	增速（%）	农地流转面积（亿亩）	增速（%）	农地流转比例（%）	增速（%）
全国	15.46	-2.98	5.55	2.96	35.90	6.13
北京	0.04	44.90	0.03	5.38	69.69	-27.27
天津	0.04	-29.81	0.02	6.22	49.29	51.33
河北	0.81	-9.27	0.27	-10.71	33.50	-1.59
山西	0.52	-0.83	0.08	-13.00	15.55	-12.27
内蒙古	0.99	-11.15	0.38	0.87	38.86	13.53
辽宁	0.54	-4.00	0.19	0.29	34.90	4.48
吉林	0.65	-14.61	0.26	-0.86	39.08	16.10
黑龙江	1.16	-24.94	0.66	-0.51	56.32	32.55
上海	0.02	-37.83	0.02	0.84	87.34	62.20
江苏	0.52	-7.23	0.31	-0.43	59.07	7.33
浙江	0.18	-8.30	0.11	3.62	60.68	13.01

续表

地区	农地总面积（亿亩）	增速（%）	农地流转面积（亿亩）	增速（%）	农地流转比例（%）	增速（%）
安徽	0.80	-1.52	0.40	4.38	49.44	5.99
福建	0.16	-3.65	0.05	-0.96	33.93	2.79
江西	0.37	-5.49	0.17	6.61	46.36	12.81
山东	0.92	-7.67	0.39	12.24	42.27	21.57
河南	1.08	-1.23	0.38	-2.99	35.52	-1.78
湖北	0.61	10.02	0.24	6.80	39.33	-2.93
湖南	0.52	-19.41	0.26	7.11	48.96	32.91
广东	0.35	2.48	0.14	16.07	38.65	13.27
广西	0.45	-2.22	0.11	18.76	23.91	21.45
海南	0.07	-6.45	0.00	-34.75	5.87	-30.25
重庆	0.35	-0.34	0.15	-0.52	44.14	-0.18
四川	0.91	44.59	0.27	18.33	29.86	-18.17
贵州	0.59	-21.21	0.14	16.38	24.16	47.71
云南	1.09	113.23	0.11	11.89	10.06	-47.53
陕西	0.55	-2.52	0.14	-5.82	25.95	-3.39
甘肃	0.60	2.88	0.14	1.75	22.77	-1.10
青海	0.08	-6.36	0.02	-3.47	24.77	3.09
宁夏	0.16	19.13	0.03	3.79	19.34	-12.87
新疆	0.32	-36.20	0.09	13.06	27.45	77.21

注：增速为2019与2018年相比。2018年数据来自《2018年中国农村经营管理统计年报》，2019年数据来自《2019年中国农村政策与改革统计年报》。

在农地流转方向方面，农地流入方仍以农户为主，家庭农场等其他主体流入面积增长较快，如表5-12和图5-5所示。2019年流入农户面积3.12亿亩，占流转总面积的56.18%，较2018年下降1.74个百分点；流入合作社面积1.26亿亩，占流转总面积的22.69%，较2018年上升0.97个百分点；流转入企业的面积为0.58亿亩，占流转总面积的10.38%，较2018年上升0.69个百分点；流入其他主体的面积为0.60

亿亩，占流转总面积的 10.75%，较 2018 年上升 7.05 个百分点。

表 5-12　　　　　　　农地流入各主体面积及占比

年份	农户	占比(%)	专业合作社	占比(%)	企业	占比(%)	其他主体	占比(%)	农地流转总面积（亩）
2010	12913	69.17	2216	11.87	1508	8.08	2031	10.88	18668
2011	15416	67.63	3055	13.40	1908	8.37	2415	10.59	22794
2012	15416	61.07	4410	17.47	2556	10.13	2860	11.33	25242
2013	20559	60.11	6944	20.30	3320	9.71	3378	9.88	34201
2014	23544	57.74	8839	21.68	3882	9.52	4508	11.06	40773
2015	26206	58.65	9737	21.79	4232	9.47	4508	10.09	44683
2016	27977	58.38	10341	21.58	4638	9.68	4965	10.36	47921
2017	29448	57.50	11627	22.70	5035	9.83	5102	9.96	51211
2018	30817	57.17	12111	22.47	5558	10.31	5414	10.04	53902
2019	31177	56.18	12591	22.69	5762	10.38	5967	10.75	55498

资料来源：2010~2018 年《中国农村经营管理统计年报》。2019 年数据来自《2019 年中国农村政策与改革统计年报》。

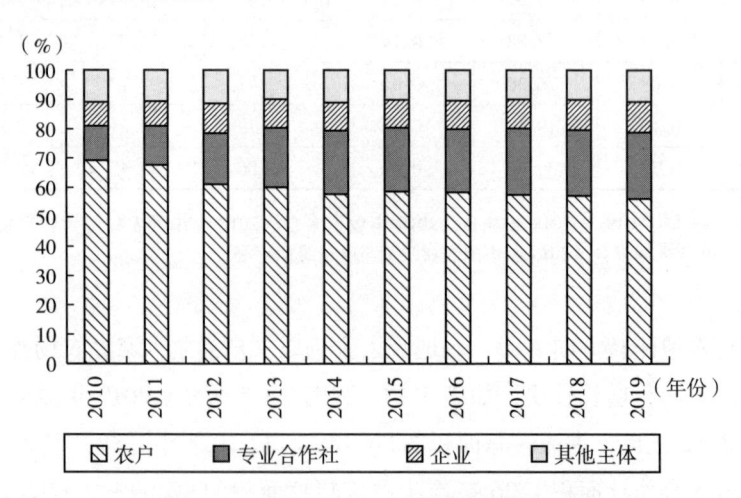

图 5-5　农地流转入各个主体的面积比例

资料来源：2010~2018 年《中国农村经营管理统计年报》。2019 年数据来自《2019 年中国农村政策与改革统计年报》。

在耕地流转的方式方面，出租（转包）仍是流转的主要方式，入股和其他形式流转占比有所上升。2019 年以出租转包方式流转 4.46 亿亩，比 2018 年增长 2.04%，占流转总面积的 80.37%，比 2018 年少了 0.73 个百分点。以入股方式流转 3307.76 万亩，比 2018 年增长 12.15%，占流转总面积的 5.96%，比 2018 年多了 0.49 个百分点。以其他形式流转，3104.17 万亩比 2018 年增长了 17.55%，占流转总面积的 5.59%，比 2018 年多了 0.69 个百分点[1]。

第三节　中国农村集体经济高质量发展特征

一、产权主体和权利内容不够清晰

1. 集体产权主体不是"缺位"，而是"不到位"

对于谁是集体所有权人已不存在分歧，农民集体是集体所有权人，农村集体经济组织代表农民集体行使集体所有权。《中华人民共和国物权法》规定了集体所有权是集体经济组织成员农民集体所有，不是组织所有，不是村干部、少数人所有。而农村集体经济组织（村委会又是农村集体经济组织的代表）只是代表组织里的成员——农民集体对集体资产进行管理、行使集体产权关系。虽然现行法律规定了"农民集体"为集体所有权人，但能够表现农民个体权益和意志的机制较少，从而使得农民个体在集体经济中分享收益不成，监督也无动力，农民个体权利流于形式，无法真正享有，造成了许多地方的农村集体经济成为所谓的"干部经济"。

---

[1] 农业农村部政策与改革司：《2019 年中国农村政策与改革统计年报》，中国农业出版社 2019 年版。

2. 农村集体经济组织成员权不清晰，组织成员资格界定没有统一标准

目前还没有一部专门法律对农村集体经济组织的组织架构、成员身份、权责关系等做出明确规定。农村集体经济组织个体成员从生老病死到进入和退出集体经济组织，都涉及组织成员权的界定。

3. 个体权利和利益难以保障

界定集体经济组织成员资格是为了保障成员的财产权利，实现和维护农民利益。农民是从事一切农村经济活动、农地经营、农村集体产权制度改革的核心主体，但在深化农村经济改革和壮大农村集体经济的过程中，农民个体权利没有得到保障，农民应该享有的集体收益分配权没有落实到位。

二、要素市场化程度有待提高

进入20世纪90年代，市场经济体制逐步确立。市场通过效率优先、适者生存、公平竞争的机制使得参与者获得要素和资源的配置，提高了交易效率。虽然在农村逐步建立了市场经济，但是农村集体经济组织和农民个体适应市场经济过程中仍存在一些阻碍。

1. 农村集体经济组织仍面临信息不对称、激励和公共物品不足等问题

农村集体经济组织受规模小、市场范围窄、技术水平低、经营能力弱等限制，在进行市场经济活动时，与农民合作社、土地股份合作社、公司及其他市场主体存在着信息不对称的问题。农村集体经济组织税费负担较为严重，因其承担着农村公共产品和服务的公共财政职能，但是农村公共产品和服务的供给是政府应该履行的职责，不应该把这个责任全部交给农村集体经济组织。

2. 农民个体应对市场风险能力不足

农村市场信息复杂，市场具有风险，农民个体承担市场风险的能力是有限的。以"家庭"为单位的最小规模的组织，虽然不足以影响农

户自身温饱问题，但是应对工业化、市场化、专业化、产业化和全球化的挑战时，单个家庭囿于自身能力不足和信息不对称，其承担风险和抵抗风险的能力也不足以使其独立走向市场。

三、规模化发展已达到瓶颈

1. 农地规模化

农村承包地"三权分置"后，近年来流转供求达到一定均衡水平，农地规模化带来的收益增加达到瓶颈，靠土地流转获得的收益有限。宅基地"三权分置"后，产权流动依然受限，宅基地使用权仅限于转让给本村集体内的农户。2019年新修订的《中华人民共和国土地管理法》允许集体经营性建设用地入市，宅基地极可能变成集体经营性建设用地进而入市，对宅基地的流转造成了一定的困境。土地产权制度不规范、土地交易市场与社会化服务滞后等因素也制约了中国农村土地适度规模经营的进一步发展。

2. 组织规模化

2007年《农民专业合作社法》出台加快了农民专业合作社的发展，2017年进行了修订，但仍然面临一些问题。第一，组织的规模问题。组织内个体成员的数量太少，发挥不了规模效应；个体成员太多，又会使行动成本增加。如部分家庭农场因忽视了经营规模的上限而导致土地经营规模过大，依靠家庭成员已经无法满足生产经营活动。第二，组织的带动能力不够，小农户利益易被挤压。农民合作社由于其内部治理结构和经营方式不完善，造成了其职能相对单一，使得部分农民合作社成立后便有名无实，只为应付上级检查，且由于决策权受到少数成员控制而使得普通社员的利益诉求被无视。农业化龙头企业由于在种植等实际环节发挥的作用有限，往往倾向于向非农领域发展，造成了集体经济衰落。

3. 服务规模化

农业社会化服务通过社会上各类服务机构为农业生产提供的产前、

产中、产后全过程综合配套服务，能够弥补土地规模化的不足，带来集体收益进一步增长。小农户仍是农业经营的主体，分散的小农户如何与服务规模化对接，谁来引导小农户和社会化服务对接也存在问题。每个引导主体的动力和激励不同，获得的收益分配也不同，使得对接后有不同的效果。中国新型农业经营主体数量和规模增大，不同经营主体对农业服务需求日益多元化，但农业社会化服务的类型难以满足多元化需求，仍以传统服务如农资供应、农机服务和农产品运输销售等内容为主，而加工服务、储藏和物流服务、市场信息服务、品牌设计和营销服务等其他服务供给不足，产前、产中提供的服务较多，而在产后提供的服务不足。

四、现代化发展亟须加强

农村面临着高质量人才流失增多、引进困难的问题，留下的基本是老弱病残，懂得经营管理的人才也少之又少，就算手中拥有资源和资产，也无法做好资产管理。先进农业技术引进不足，大数据、云计算等应用不普及。目前像土地托管、代耕代种等农业社会化服务代替农地流转取得了一定的收益效果，这些服务不仅需要引进现代农业技术，更需要引入大数据等技术提高要素的配置效率。多数农村集体经济选择的产业往往处于产业链的低端环节，囿于资金、技术和人才短板，只能选择发展资源密集型或劳动密集型产业，依靠这些产业难以获得高质量的经济发展效益。治理机制不完善、管理制度混乱。农村集体经济组织内部存在"干部经济"现象，农民个体在集体内不能充分分享收益，监督也无动力。在集体资产的管理上，农村集体资产管理混乱以至于不能按照现代企业制度运行。

第六章

中国农村集体经济高质量发展水平测度

第一节 指标体系构建

中国农村集体经济高质量发展与整体经济高质量发展既存在相似之处,又具有自己的独特之处,因此在指标体系构建上除了要符合中国农村集体经济高质量发展的内涵及发展宏微观目标之外,还可以借鉴学者们对经济高质量发展水平指标体系的构建方法。中国学者对中国经济高质量发展水平指标体系的构建如表6-1所示,主要包括了指标选取的角度、测度方法、区域及时间跨度。

表6-1 学者对经济高质量发展水平指标体系构建的研究

姓名(年份)	角度和指标	测度方法	区域	时间
魏敏、李书昊(2018)	经济结构、创新驱动、资源配置、市场机制、区域协调等10个方面53个指标	熵权TOPSIS法	30个省份	2016
师博、任保平(2018)	经济增长的基本面和社会成果2个维度	主观赋权法	31个省份	1992~2016

续表

姓名（年份）	角度和指标	测度方法	区域	时间
马茹等（2019）	高质量供给及需求、发展效率、对外开放等5个维度28个三级指标	均等权重法	30个省份	2016
师博、张冰瑶（2019）	基本面+社会成果+生态成果维度	均等赋权法	中国地级市	2004~2015
史丹、李鹏（2019）	创新、协调、绿色、开放、共享等62个指标	主成分分析法	中国	2000~2017
徐志向、丁任重（2019）	总量、创新、协调、绿色、开放、共享等16个指标	熵值法+均等赋权法	31个省份	1996~2016
聂长飞、简新华（2020）	产品和服务质量、经济效益、社会效益、生态效益和经济运行状态	纵横向拉开档次法	30个省份	2001~2017
黄庆华等（2019）	经济发展、创新驱动、生态文明、社会民生和基础设施5个方面20个指标	熵值法	重庆市	2009~2017
张震、刘雪梦（2019）	经济发展动力、新兴产业结构等7个方面38个指标	主客观赋权法+线性加权法	15个副省级城市	2016
任保平、李禹墨（2018）	经济发展、改革开放、城乡建设、生态环境、人民生活的高质量，加入结构协调指标、质量效益指标和新动能发展指标			
李金昌等（2019）	经济活力、创新效率、绿色发展、人民生活及社会和谐5个方面27个指标			
张军扩等（2019）	高效、公平、可持续16个指标			

注：魏敏、李书昊（2018），马茹等（2019），聂长飞、简新华（2020）对全国30个省份的研究均剔除了西藏。张震、刘雪梦（2019）选择的15个副省级城市分别是沈阳、大连、长春、哈尔滨、南京、杭州、宁波、厦门、济南、青岛、武汉、广州、深圳、成都和西安。

以上学者对中国经济高质量发展水平的指标选取和测度方法可以为本书研究中国农村集体经济高质量发展水平提供思路。在指标选取上，对于经济高质量发展，学者们主要考虑到经济效益、社会效益和生态效益的结合，以创新、协调、绿色、开放、共享五大新发展理念为指导原则，从经济、社会和自然三个方面构建经济高质量发展水平指标体系，尤其将人的全面发展、资源环境的可持续发展纳入指标体系。具体来看，在经济发展方面，包括经济结构、经济效率、经济动力、经济制度，追求经济发展质量和效率、产业结构优化、区域结构协调、经济运行稳定，追求创新驱动、科技驱动；社会发展方面，追求发展成果共享、医疗教育卫生得到保障、分配公平等；绿色发展方面，追求保护环境和节约资源能源、生态保护、可持续发展。本书拟从中国农村集体经济高质量发展的内涵及发展宏微观目标的角度出发来构建指标体系，如表6-2所示。在经济意义上，本书选取的指标符合上述学者们一致认可的创新、协调、绿色、开放、共享五大发展理念以及覆盖经济、社会和自然多个方面；在逻辑严谨性上，符合本书对中国农村集体经济高质量发展内涵及发展目标的定义。在实践操作难易及数据可获得性上，符合以下的四个指标选取原则：一是代表性。遵循高质量发展主要特征，通过筛选挑选出能够高度代表农村集体经济高质量内涵、发展机制、宏微观目标的指标。二是系统性。选取的指标覆盖范围广，应该全面考虑地区覆盖和时间覆盖，从而能够对区域和时间进行综合全面的评价和分析。三是动态性。选取的指标在时间上要具有连续性。四是可获得性。指标体系的选取一定要在现阶段较容易获取，尽可能收集一手资料，才能保证指标体系的真实和客观性。

表6-2　　　　中国农村集体经济高质量发展指标体系

序号	一级指标	二级指标	三级指标	方向	权重（%）
1	产权	收益权	双层经营收入占比	+	4.20
2	市场化	劳动市场	劳动要素市场化程度	+	1.74
3		土地市场	复种指数	+	3.45
4		资本市场	劳均农业机械总动力	+	1.94
5			农业综合开发投入力度	+	2.87
6		技术市场	每万乡村人口拥有农业技术人员数	+	2.70
7			实际利用外商直接投资比例	+	2.73
8		要素流动程度	农村城市化	+	2.20

续表

序号	一级指标	二级指标	三级指标	方向	权重（%）
9	规模化	土地规模化	人均耕地面积	+	1.27
10			粮食作物播种比例	+	3.36
11		服务规模化	机械化服务程度	+	2.34
12			水利化服务程度	+	2.66
13		技术规模化	技术市场成交额占比	+	0.82
14	现代化	基础设施现代化	农村投递路线	+	3.14
15			铁路营业里程	+	2.21
16			设卫生室的村数占行政村数	+	6.12
17		治理能力现代化	农村最低生活保障人均支出	+	1.57
18			农村卫生厕所普及率	+	4.36
19		可持续发展	森林覆盖率	+	3.30
20			塑料薄膜使用强度	−	5.47
21			受灾率	−	4.90
22			化肥施用强度	−	4.15
23			农药施用强度	−	4.88
24			万元农业 GDP 耗水	−	5.58
25			节水率	+	1.80
26		人的现代化	教育支出力度	+	3.65
27			农村居民医疗保健支出占消费性支出	+	2.89
28			每万人拥有乡村医生和卫生员	+	3.66
29			每万人拥有卫生技术人员	+	3.96
30		共享发展	农村居民家庭恩格尔系数	−	4.51
31			人均农林牧渔业总产值	+	1.57

注：权重通过纵横向拉开档次法计算而得。

一、指标选取

本书主要依据农村集体经济高质量发展内涵、特点、目标及数据的可获得性，选取了中国 30 个省份 2004～2018 年共 15 年的 31 个指标数据，构建农村集体经济高质量发展多元复合型指标体系，如表 6-2 所示。之所以没有按照创新、协调、绿色、开放和共享五大新发展理念或者经济、政治、社会、文化和生态五位一体的标准构建指标体系，主要原因在于农村集体经济高质量发展具有其独特的内涵、发展方式和实现形式，如果按照上述标准构建指标体系，不能充分地体现出农村集体经济高质量发展的特点和实现目标。因此主要按照第三章对农村集体经济高质量发展的定义选择一级指标。农村集体经济高质量发展是在农村集体产权明晰、产权流转顺畅的前提下，通过市场高效配置生产要素，以农业适度规模化、农地适度规模化、服务规模化来促进农村集体经济现代化，并最终实现农村集体成员共享发展成果、共同富裕的发展方式。因此本书主要选择与产权、市场化、规模化和现代化相关的指标作为一级指标。

在一级指标产权的指标选择上，本书主要考虑与收益权有关的指标，用经营净收入与财产性收入之和与农村居民人均可支配收入之比表示收益权（指标具体计算公式、单位及数据来源见表 6-3）。在一级指标要素市场化指标的选取上，本书拟选取与劳动市场、土地市场、资本市场、技术市场、要素流动程度等二级指标。在一级指标规模化指标的选择上，本书拟选取土地规模化、服务规模化、技术规模化等二级指标，其中高标准农田示范工程指标的数据在时间上不连续，存在较大缺失，因此没有选择该指标。在一级指标现代化指标的选择上，本书拟选取基础设施现代化、治理现代化、绿色发展、资源节约、人的现代化、共享发展等二级指标。

表 6-3　　　　　指标具体计算公式、单位及数据来源

序号	三级指标	具体计算公式	单位	资料来源
1	双层经营收入占比	经营净收入（元/人）+财产性收入（元/人）/农村居民人均可支配收入（元/人）	%	历年各省份统计年鉴
2	劳动要素市场化程度	乡村个体就业人数（万人）/农林牧渔业从业人员（万人）	%	国家统计局
3	复种指数	农作物总播种面积（千公顷）/耕地面积（千公顷）	%	中国国土资源统计年鉴
4	劳均农业机械总动力	农业机械总动力（万千瓦）/农林牧渔业从业人员（万人）	千瓦/人	国家统计局
5	农业综合开发投入力度	农业综合开发项目资金投入（亿元）/农林水事务支出（亿元）	%	EPS中国财政税收数据库
6	每万乡村人口拥有农业技术人员	公有经济企事业单位农业技术人员（人）/乡村人口（万人）	人/万人	EPS中国科技数据库
7	实际利用外商直接投资比例	实际利用外商直接投资额（亿元）/地区（国家）生产总值（亿元）	%	国家统计局
8	农村城市化	城镇人口（万人）/年末常住人口（万人）	%	国家统计局
9	人均耕地面积	年末耕地面积（千公顷）/农林牧渔业从业人员（万人）	千公顷/万人	中国农村统计年鉴
10	粮食作物播种比例	粮食作物播种面积（千公顷）/农作物总播种面积（千公顷）	%	国家统计局
11	机械化服务程度	农用大中型拖拉机动力（万千瓦）/农业机械总动力（万千瓦）	%	国家统计局
12	水利化服务程度	有效灌溉面积（千公顷）/耕地面积（千公顷）	%	国家统计局
13	技术市场成交额占比	技术市场成交额（亿元）/地区GDP（亿元）	%	中国科技统计年鉴
14	农村投递路线	农村投递路线（万公里）	万公里	国家统计局
15	铁路营业里程	铁路营业里程（万公里）	万公里	国家统计局
16	设卫生室的村数占行政村数	设置卫生室的村（个）/行政村个数（个）	%	中国农村统计年鉴
17	农村最低生活保障人均支出	农村最低生活保障支出（万元）/农村居民最低生活保障人数（万人）	元/人	EPS三农数据库

续表

序号	三级指标	具体计算公式	单位	资料来源
18	农村卫生厕所普及率	农村累计使用卫生厕所户数（万户）/农村总户数（万户）	%	中国环境统计年鉴
19	森林覆盖率	森林面积（万公顷）/土地总面积（万公顷）	%	中国环境统计年鉴
20	塑料薄膜使用强度	农用塑料薄膜（吨）/农作物总播种面积（千公顷）	吨/千公顷	国家统计局
21	受灾率	农作物受灾面积（千公顷）/农作物总播种面积（千公顷）	%	中国农村统计年鉴
22	化肥施用强度	农用化肥施用折纯量（万吨）/农作物总播种面积（千公顷）	吨/千公顷	国家统计局
23	农药施用强度	农药使用量（万吨）/农作物总播种面积（千公顷）	吨/千公顷	国家统计局
24	万元农业 GDP 耗水	农业用水总量（亿立方米）/农林牧渔业总产值（亿元）	立方米/万元	国家统计局
25	节水率	节水灌溉面积（千公顷）/年末耕地面积（千公顷）	%	中国环境统计年鉴
26	教育支出力度	教育支出（亿元）/地方财政一般预算支出（亿元）	%	中国农村统计年鉴
27	农村居民医疗保健支出占消费性支出	农村居民医疗保健支出（元/人）/消费性支出（元/人）	%	中国农村统计年鉴
28	每万人拥有乡村医生和卫生员	乡村医生和卫生员（人）/乡村人口（万人）	人/万人	中国卫生健康统计年鉴
29	每万人拥有卫生技术人员	卫生技术人员（人）/乡村人口（万人）	人/万人	中国农村统计年鉴
30	农村居民家庭恩格尔系数	农村居民人均食品烟酒消费支出（元/人）/人均消费总支出（元/人）	%	中国农村统计年鉴
31	人均农林牧渔业总产值	农林牧渔业总产值（亿元）/农林牧渔业从业人员（万人）	万元/人	国家统计局

注：各类统计年鉴的时间范围均为 2005~2019 年（年鉴上记录的是 2004~2018 年的数据），各类数据库和国家统计局网站勾选的时间范围均为 2004~2018 年。

二、指标合理性分析

指标的合理性分析如下：

双层经营收入占比（%）。目前文献中能够直接表示产权的变量较少。产权包括所有权、使用权、收益权和处置权。农村集体经济中农民人均可支配收入可以视为收益权的体现，农村居民人均经营净收入是指农民以家庭为单位进行生产筹划和管理而获得的收入，是实行家庭承包制后农民取得收入的最主要方式。财产性收入主要是对外投资和财产租赁等取得的收入，包括流转耕地取得的收入。将经营性收入和财产性收入之和与农村居民人均可支配收入之比来表示产权中的收益权所占的比例是具有合理性的。

劳动要素市场化程度（%）。农村劳动力可以选择参与集体经济活动获得劳动报酬，也可以选择个体经营或者自主创业获得劳动报酬。个体经营生产资料归个人所有，以个人劳动为基础，劳动所得归劳动者个人，是与集体经营完全相反的一种经营方式。个体经营可以看作劳动力依据市场经济规则进行市场经济活动，是劳动要素的市场化现象，因此可以用乡村个体就业人数于与农林牧渔业从业人员总数之比来表示劳动要素市场化程度。

复种指数（%）。复种指数是指一定时期内在同一地块耕地面积上种植农作物的平均次数，数值上等于年内农作物总播种面积与耕地面积之比，可以反映耕地的利用程度，进而反映土地市场化程度。

劳均农业机械总动力（千瓦/人）。与农村集体经济资本市场有关的变量主要包括银行存贷款业务、农村信用社金融服务水平及社会各界对农村集体经济的投资等，这些数据在收集上具有一定的困难性。农业机械总动力指主要用于农、林、牧、渔业的各种动力机械的动力总和，可以表示对农村集体经济中农业机械的投资或者是资本在农业机械中的作用，因此用每万人农、林、牧、渔业从业人员所拥有的农业机械总动力来表示资本市场具有合理性。

农业综合开发投入力度（%）。农业综合开发是指通过加强基础设施建设、加强环境保护、对资源综合利用和开发、转变生产方式、优化农业和农村经济结构、推动产业融合发展，来保障国家粮食安全、提高农业综合生产能力和综合效益，促进农业可持续发展和农业现代化。对农业综合开发投入的资金可以看作是促进农村集体经济技术市场化发展的一项指标。

每万乡村人口拥有农业技术人员数（人/万人）。农业技术人员数可以直接表示各地区对农业技术的重视程度以及农业技术市场的成熟程度。

实际利用外商直接投资比例（%）。实际利用外资额是指在和外商签订合同后实际到达的外资款项，能够代表资金的开放性和流动程度。

农村城市化（%）。农村城市化可以反映各地区工业反哺农业、城市支持农村的能力，还可以反映城乡要素流动的程度，要素流动程度可以表示农村集体经济市场化的程度。

人均耕地面积（千公顷/万人）。人均耕地面积能够直接表示土地规模化程度的高低。

粮食作物播种比例（%）。虽然粮食作物的收益远远小于经济作物的收益，但是粮食作物播种比例保持稳定才可以确保农村集体经济的高质量发展和运行。粮食作物播种比例也可以反映土地规模化程度。

机械化程度（%）。随着土地规模化程度的逐渐增高，需要配套进行服务规模化。农村集体经济中服务规模化的代表就是使用农用机械以及进行水利灌溉服务。用"机械化程度""水利化程度"表示农村集体经济的服务规模化发展。

水利化程度（%）。水利化程度可以用有效灌溉面积与耕地面积之比表示，有效灌溉面积指在地块比较平整的耕地面积上使用灌溉配套设备进行正常灌溉的水田和水浇地面积之和，是衡量水利化程度和农业生产稳定程度的指标。

技术市场成交额占比（%）。技术市场成交额占比可以反映技术市场的规模化。

农村投递路线（万公里）。农村投递路线是指邮政业务的投递路线，表示农村快递物流业的发展程度。基础设施是共享发展的重要方面，基础设施基本靠国家财政支出来支持，农村基础设施为发展农村生产和保证农民生活而提供公共服务。

铁路营业里程和设置卫生室的村数占行政村数（%）也是基础设施的一部分，能够代表基础设施的现代化。

农村最低生活保障人均支出（元/人）。截至2018年底，农村集体还存在着家庭人均纯收入低于当地最低生活保障标准的群众，对其按最低生活保障标准提供维持基本生活的物质帮助是一项社会救助制度，用农村最低生活保障支出与农村居民最低生活保障人数之比可以表示治理能力现代化。

农村卫生厕所普及率（%）。农村卫生厕所普及率可以反映农村的人居环境和卫生环境，但是更能反映农村集体经济治理能力现代化。

森林覆盖率（%）。农村集体经济高质量发展不能以环境为代价，一定要在保护环境中获得发展。森林覆盖率衡量了一个地区森林面积占土地总面积的比率，可以反映森林资源和林地占有的实际水平。

塑料薄膜使用强度（吨/千公顷）。在生产过程中会使用到化肥、农药和塑料薄膜等，这些均会对环境带来一定的负面作用。减少化肥、农药和塑料薄膜的使用量不仅有助于农产品质量的提高，而且有助于农村环境的改善。用塑料薄膜使用强度（吨/千公顷）衡量资源环境的可持续发展，指标越小越好，是负向指标。

受灾率（%）。受灾率反映了不可控的自然条件对农村集体经济生产所造成的影响。

化肥施用强度（吨/千公顷）、农药施用强度（吨/千公顷）表示了在农村集体经济生产过程中通过使用污染环境的资源而获得可持续发展的程度。

万元农业GDP耗水（立方米）和节水率（%）。农业用水和用电是农村集体经济高质量发展中最基本的资源利用，一方面要利用更先进的农业技术节约用水和用电，另一方面随着机械化程度的提高和播种面积的增加，不可避免地会增加用水和用电量。习近平总书记指出要"积极发展节水型农业，不要搞大水漫灌"，可以用"节水率（%）"衡量在耕地灌溉过程中的节水程度。单位农业 GDP 消耗的用水越少代表着效率越高，农业技术条件越好，是负向指标。

教育支出力度（%）。农村的教育不仅包括普通的学校教育，还包括职业教育、技能培训、生产培训等，引进新技术、新机器都需要经过专业的技术培训才能够实现应用，而且对乡村种植能手和种植大户的职业技能培训也显得尤为重要。由于各类统计年鉴对这些分散的教育培训统计并不完全，因此用国家的教育支出力度来表示教育培训指标，国家对教育的重视程度可以用教育支出与地方财政一般预算支出之比来表示。

农村居民医疗保健支出占消费性支出（%）。农村医疗和卫生是共享发展中的重要方面，农村居民医疗保健支出占消费性支出比例可以表示农村居民个体在医疗支出上的花费。

每万人拥有乡村医生和卫生员（人/万人）和每万人拥有卫生技术人员（人/万人）。这两个指标可以表示在农村集体经济发展过程中坚持以人为核心主体的原则，能够反映对人的现代化所进行的医疗投入。

农村居民家庭恩格尔系数（%）和人均农、林、牧、渔业总产值（万元/人）。该指标是最基本的衡量人民幸福以及人均产出的指标，能够表现农村集体经济共享发展的程度。

三、测度方法

计算经济高质量发展水平使用的主要是综合评价方法，主要包括专家评分法（德尔菲法）、数据包络分析方法（DEA）、主成分分析法、熵值法、TOPSIS 法和纵横向拉开档次法等。表 6-4 是各类代表性综合评价方法的比较。

专家评分法权重大小取决于专家自身的喜好和知识经验，主观性较强，缺乏科学性和稳定性。数据包络分析方法（DEA）用来评价多输入和多输出的"部门"（决策单元）的相对有效性，无须给出决策者的权

表 6-4　　　　　　　　　代表性综合评价法比较

评价方法	具体名称	内容描述	优点	缺点
定性评价方法	专家评分法	专家主观判断	操作简单	主观性较强
运筹学方法	数据包络分析方法（DEA）	评价多输入和多输出决策单元的相对有效性	不需要决策者偏好的权重和函数关系	只表明相对水平，无法表示实际水平
统计分析方法	主成分分析	利用降维技术将指标简化	全面性、可比性、客观合理性	因子负荷符号有正有负时函数意义不明确
信息论方法	熵值法	根据各项指标信息量来确定指标权重	可排除人为因素等的干扰	指标之间缺乏横向比较
TOPSIS评价法	优劣解距离法	根据有限评价对象与理想化目标的接近程度进行排序	对数据分布及样本量、指标多少无严格限制，信息损失比较少	不能解决评价指标间相关造成的评价信息重复问题
动态综合评价方法	纵横向拉开档次法	对面板数据进行综合评价	针对时序面板数据，原理简单	对指标权重确定仅依赖于评价矩阵*

* 唐晓彬，王亚男，唐孝文. 中国省域经济高质量发展评价研究 [J]. 科研管理，2020，41 (11)：44-55.

重及函数关系，只表明相对发展指标，无法表示出实际发展水平。主成分分析法能够更充分地反映各维度对综合性指数的贡献程度，但是主成分因子负荷符号在有正有负时，使得函数意义不明确。熵值法则是根据指标的相对变化程度对系统整体的影响来决定指标的权重，针对单一时点的截面数据，且各项指标之间的缺乏横向比较。TOPSIS 法通过比较各个测度对象与最优方案、最劣方案的相对距离进行量化排序，但是权重事先给定，导致结果具有一定主观性。熵权 TOPSIS 法则是将熵值法和 TOPSIS 法两种方法相结合，用熵值法计算权重，用 TOPSIS 法对指标进行排序。纵横向拉开档次法可以对三维立体数据进行处理，能够体现出截面数据的时间趋势，是一种客观的评价方法。用纵横向拉开档次法和熵值法所确定的权重有一定的区别。用纵横向拉开档次法确定权重主要是从整体上尽量体现出各个被评价对象之间的差异，而用

第六章 中国农村集体经济高质量发展水平测度

熵值法确定权重系数时其出发点是根据某同一指标观测值之间的差异程度来反映其重要程度，如果各个评价对象的某项指标的数据差异不大，则反映该指标对评价系统所起的作用不大，用熵值法计算出来的权重系数也不大[①]。本书所选数据为时序面板数据，因此本书采用纵横向拉开档次法使用 MATLAB 软件对中国农村集体经济高质量发展水平进行测度。

纵横向拉开档次法原理如下所示：

假设有 i 个省份（i = 1, 2, …, 30），有 j 个评价指标（j = 1, 2, …, 31），且按时间顺序 k（k = 1, 2, …, 15）获得原始时序面板数据 $\{x_{ij}(t_k)\}$。令 $x_{ij}^*(t_k)$ 为 $x_{ij}(t_k)$ 经过无量纲化处理后的值，

$$X_k = \{x_{ij}^*(t_k)\} = \begin{bmatrix} x_{11}(t_k) & \cdots & x_{1,31}(t_k) \\ \vdots & \ddots & \vdots \\ x_{30,1}(t_k) & \cdots & x_{30,31}(t_k) \end{bmatrix}$$

$$k\ (k = 1, 2, \cdots, 15)$$

取综合评价函数为线性加权：

$$y_i(t_k) = \sum w_j^* x_{ij}^*(t_k)$$

其中 w_j^* 为每个指标的归一化权重系数，$W = (w_1, w_2, \cdots, w_{31})^T$ 为权重系数矩阵。确定权重系数的原则是在时序面板数据上最大可能地体现出各被评价对象之间的差异。各个省份在时序面板数据 $\{x_{ij}^*(t_k)\}$ 上的整体差异，可以用 $y_i(t_k)$ 的总离差平方和来表示：

$$e^2 = \sum_{k=1}^{15} \sum_{i=1}^{30} (y_i(t_k) - \bar{y})^2$$

由于 $\{x_{ij}^*(t_k)\}$ 是经过标准化后的数据，因此有：

$$\bar{y} = 0$$

$$e^2 = \sum_{k=1}^{15} \sum_{i=1}^{30} (y_i(t_k))^2 = \sum_{k=1}^{15} [W^T H_k W] = W^T \sum_{k=1}^{15} [H_k W] = W^T H W$$

---

① 郭亚军. 综合评价理论、方法及应用 [M]. 北京：科学出版社，2007：73-74.

其中，$H = \sum_{k=1}^{15} H_k$ 为 31×31 的对称矩阵，$H_k = X_k^T X_k$，k（k = 1，2，…，15）。

由线性代数中的弗罗贝尼乌斯定理可知，当对称矩阵 H 为正矩阵，即所有元素都大于 0 时，H 的最大特征值所对应的（标准）特征向量也是正的，该特征向量的极值为所求权重的值。

使用纵横向拉开档次法求权重的步骤如下：

第一步：数据归一化。数据归一化是指将负向指标（极小型）数据转化为正向指标（极大型）数据，公式为：

$$x_j' = \max(x_j) - x_{ij}(t_k)$$

第二步：数据的无量纲化。数据量纲不同给比较指标大小带来了不便，为了消除各项指标量纲不同带来的影响，需要进行无量纲化处理，也叫标准化处理或者规范化处理，它是通过数学变换来消除原始指标量纲的方法。本书采取极值处理法进行数据的无量纲化。

$$x_{ij}^* = \frac{x_{ij} - m_j}{M_j - m_j}$$

其中 x_{ij} 均为极大型指标，$M_j = \max_i \{x_{ij}\}$，$m_j = \min_i \{x_{ij}\}$，$x_j^* \in [0, 1]$。

第三步：计算对称矩阵及其最大特征值对应的特征向量。

$H = \sum_{k=1}^{15} H_k$ 为 31×31 的对称矩阵，$H_k = X_k^T X_k$。H_k 的最大特征值所对应的特征向量 $W = (w_1, w_2, \cdots, w_{31})^T$ 也是正的，此时权重系数加总之和大于 1，因此本书用下面公式将权重归一：

$$w_j^* = \frac{w_j}{\sum_{j=1}^{31} w_j}$$

其中，$\sum_{j=1}^{31} w_j^* = 1$。$w_j^*$ 即为所求权重的值。

第四步：线性加权求综合得分及排序。$y_i(t_k) = \sum w_j^* x_{ij}^*(t_k)$。

第二节 整体水平分析

一、全国整体水平

运用 MATLAB 软件对以上四步进行求解，求得的指标权重如表 6-2 所示，计算的中国农村集体经济高质量发展水平如表 6-5 所示。

表 6-5　中国农村集体经济高质量发展水平（2004~2018 年）

地区	2004 年	2005 年	2006 年	2007 年	2008 年	2009 年	2010 年	2011 年
北京	0.521	0.557	0.539	0.519	0.564	0.587	0.570	0.543
天津	0.502	0.552	0.524	0.527	0.497	0.488	0.512	0.511
河北	0.553	0.591	0.574	0.591	0.585	0.579	0.594	0.601
山西	0.488	0.499	0.495	0.501	0.490	0.524	0.547	0.551
内蒙古	0.561	0.593	0.570	0.595	0.610	0.588	0.633	0.634
辽宁	0.536	0.553	0.541	0.540	0.556	0.520	0.546	0.539
吉林	0.551	0.599	0.575	0.582	0.607	0.589	0.615	0.633
黑龙江	0.604	0.634	0.637	0.640	0.664	0.635	0.661	0.663
上海	0.447	0.453	0.445	0.455	0.444	0.481	0.455	0.460
江苏	0.513	0.533	0.493	0.492	0.542	0.549	0.584	0.590
浙江	0.464	0.484	0.502	0.466	0.466	0.523	0.525	0.499
安徽	0.502	0.515	0.531	0.545	0.532	0.525	0.528	0.534
福建	0.515	0.526	0.490	0.516	0.495	0.511	0.485	0.481
江西	0.527	0.550	0.544	0.554	0.521	0.567	0.554	0.572
山东	0.504	0.535	0.513	0.547	0.545	0.545	0.543	0.576
河南	0.541	0.566	0.578	0.591	0.585	0.574	0.578	0.599
湖北	0.456	0.467	0.468	0.477	0.437	0.480	0.483	0.505

续表

地区	2004年	2005年	2006年	2007年	2008年	2009年	2010年	2011年
湖南	0.482	0.513	0.508	0.528	0.498	0.533	0.511	0.529
广东	0.452	0.469	0.460	0.465	0.449	0.469	0.469	0.485
广西	0.442	0.495	0.456	0.455	0.437	0.474	0.459	0.488
海南	0.421	0.356	0.392	0.358	0.339	0.388	0.397	0.336
重庆	0.453	0.501	0.457	0.496	0.489	0.501	0.503	0.493
四川	0.484	0.510	0.488	0.503	0.485	0.511	0.486	0.520
贵州	0.436	0.460	0.436	0.440	0.425	0.460	0.430	0.432
云南	0.494	0.490	0.492	0.491	0.487	0.490	0.456	0.488
陕西	0.492	0.507	0.519	0.536	0.534	0.527	0.543	0.565
甘肃	0.408	0.433	0.400	0.394	0.430	0.428	0.415	0.424
青海	0.487	0.525	0.454	0.477	0.505	0.523	0.512	0.472
宁夏	0.423	0.457	0.442	0.475	0.447	0.487	0.492	0.477
新疆	0.436	0.433	0.442	0.440	0.404	0.449	0.476	0.504
全国均值	0.490	0.512	0.499	0.507	0.502	0.517	0.519	0.524
均值年增长率	无	4.54%	-2.56%	1.55%	-0.83%	2.89%	0.34%	0.94%

地区	2012年	2013年	2014年	2015年	2016年	2017年	2018年	年均值
北京	0.493	0.507	0.442	0.476	0.457	0.464	0.442	0.512
天津	0.501	0.563	0.564	0.550	0.567	0.560	0.554	0.532
河北	0.595	0.614	0.604	0.592	0.614	0.626	0.615	0.595
山西	0.535	0.535	0.527	0.527	0.561	0.539	0.528	0.523
内蒙古	0.592	0.618	0.605	0.598	0.623	0.601	0.606	0.602
辽宁	0.553	0.568	0.524	0.551	0.592	0.572	0.537	0.548
吉林	0.639	0.651	0.632	0.631	0.641	0.631	0.608	0.612
黑龙江	0.653	0.671	0.682	0.685	0.665	0.671	0.640	0.654
上海	0.483	0.503	0.495	0.484	0.496	0.483	0.470	0.470
江苏	0.603	0.617	0.620	0.618	0.645	0.652	0.651	0.580
浙江	0.461	0.452	0.493	0.473	0.495	0.512	0.508	0.488

续表

地区	2012年	2013年	2014年	2015年	2016年	2017年	2018年	年均值
安徽	0.539	0.553	0.554	0.552	0.579	0.577	0.572	0.543
福建	0.476	0.504	0.494	0.479	0.482	0.506	0.505	0.498
江西	0.581	0.569	0.571	0.565	0.601	0.600	0.608	0.566
山东	0.576	0.598	0.614	0.613	0.637	0.640	0.644	0.575
河南	0.608	0.616	0.618	0.610	0.623	0.605	0.606	0.593
湖北	0.526	0.552	0.564	0.570	0.576	0.590	0.588	0.516
湖南	0.540	0.553	0.570	0.572	0.596	0.592	0.602	0.542
广东	0.479	0.479	0.484	0.460	0.479	0.494	0.496	0.473
广西	0.498	0.518	0.498	0.519	0.522	0.545	0.539	0.490
海南	0.404	0.404	0.353	0.384	0.369	0.406	0.401	0.380
重庆	0.500	0.503	0.496	0.500	0.520	0.526	0.535	0.498
四川	0.526	0.541	0.525	0.538	0.549	0.565	0.571	0.520
贵州	0.467	0.468	0.462	0.482	0.527	0.538	0.541	0.467
云南	0.487	0.502	0.479	0.488	0.510	0.551	0.559	0.498
陕西	0.574	0.562	0.551	0.548	0.574	0.558	0.565	0.544
甘肃	0.424	0.434	0.398	0.429	0.451	0.488	0.472	0.429
青海	0.472	0.498	0.489	0.480	0.522	0.499	0.529	0.496
宁夏	0.458	0.480	0.450	0.488	0.504	0.515	0.500	0.473
新疆	0.458	0.507	0.470	0.495	0.487	0.512	0.500	0.468
全国均值	0.523	0.538	0.528	0.532	0.549	0.554	0.550	0.523
均值年增长率	-0.05%	2.82%	-1.96%	0.82%	3.18%	0.94%	-0.76%	无

注：最后一行的"均值年增长率"指是每个年份下全国30个省份农村集体经济高质量发展水平进行均值之后，再计算的年增长率。

从图6-1中可以看出中国农村集体经济高质量发展水平整体来看是波动上升的。2017年中国农村集体经济高质量发展水平最高（0.544），2018年农村集体经济高质量发展水平整体上排名第二，2016年排名第三。2016~2018年中国农村集体经济高质量发展水平为15年中最高的三年，说明自中国提出经济高质量发展以及五大新发展理念以来，中国农村集体经济发展高质量水平明显提高。在增长率方面，增长率波动较大。增长率最高的一年在 2005 年，为 4.54%，其余在 2009 年、2013 年和 2016 年增长率也较高，分别为 2.89%、2.82% 和 3.18%。增长率最低的一年为 2006 年，为 -2.56%，其余在 2008 年和 2014 年和 2018 年，分别下降了 0.83%、1.96% 和 0.76%。

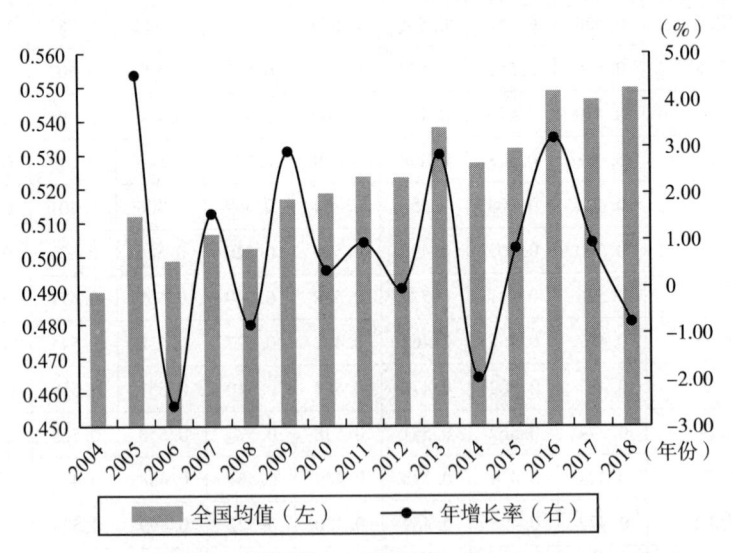

图 6-1 中国农村集体经济高质量发展全国均值水平及年增长率

二、地区整体水平

将中国 30 个省份 2004~2018 年的农村集体经济高质量发展水平的数据按照四大区域①进行划分，计算每个区域农村集体经济高质量发展水平均值，并将其与全国均值进行对比，如表 6-6 和图 6-2 所示。

---

① 东部包括北京、天津、河北、上海、江苏、浙江、福建、山东、广东和海南。中部包括山西、安徽、江西、河南、湖北和湖南。西部包括内蒙古、广西、重庆、四川、贵州、云南、西藏、陕西、甘肃、青海、宁夏和新疆。东北包括辽宁、吉林和黑龙江。

表 6-6　　四大地区农村集体经济高质量发展水平（2004~2018 年）

年份	东部均值	中部均值	西部均值	东北均值	全国均值
2004	0.489	0.499	0.465	0.564	0.490
2005	0.506	0.518	0.491	0.596	0.512
2006	0.493	0.521	0.469	0.584	0.499
2007	0.494	0.533	0.482	0.587	0.507
2008	0.493	0.511	0.478	0.609	0.502
2009	0.512	0.534	0.494	0.582	0.517
2010	0.513	0.533	0.491	0.607	0.519
2011	0.508	0.549	0.500	0.612	0.524
2012	0.507	0.555	0.496	0.615	0.523
2013	0.524	0.563	0.512	0.630	0.538
2014	0.516	0.567	0.493	0.612	0.528
2015	0.513	0.566	0.506	0.622	0.532
2016	0.524	0.589	0.526	0.632	0.549
2017	0.534	0.584	0.536	0.625	0.554
2018	0.528	0.584	0.538	0.595	0.550

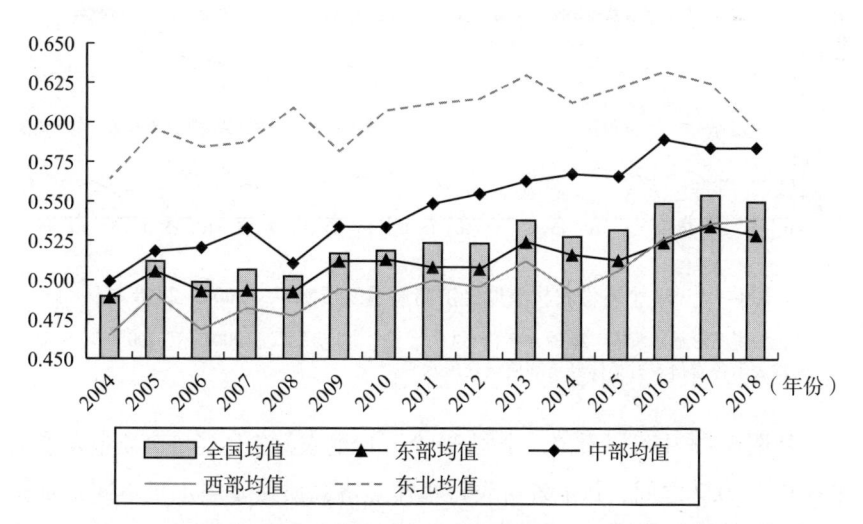

图 6-2　四大地区农村集体经济高质量发展水平（2004~2018 年）

从区域角度来看，中国农村集体经济高质量发展水平区域不平衡现象突出，东北地区和中部地区均值较高，东部地区和西部地区的均值低于全国均值。即使在一个地区内部，农村集体经济高质量发展水平在省份之间的差别也较大。

三、省份整体水平

将全国30个省份2004~2018年的农村集体经济高质量发展水平以折线图直观表示，如图6-3所示。

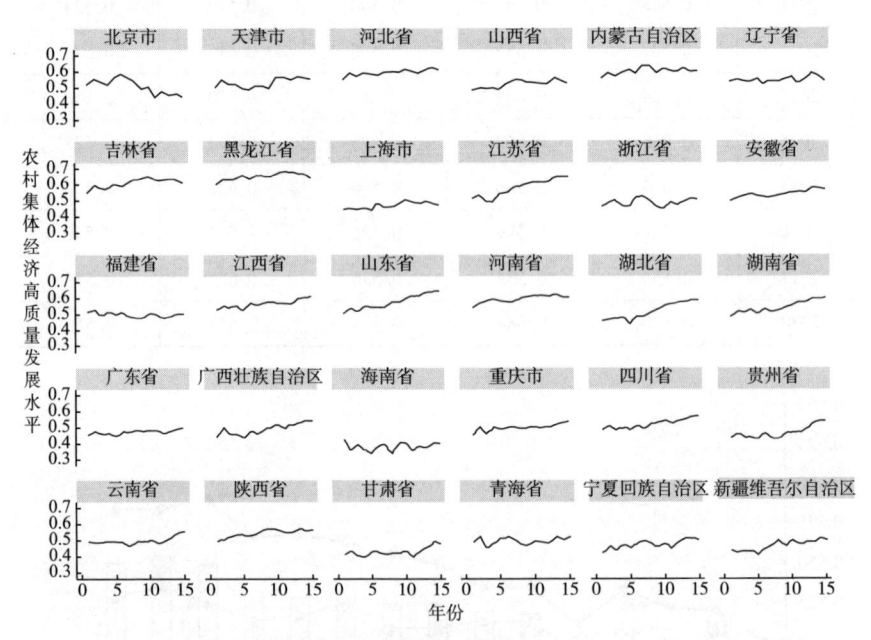

图6-3　30个省份农村集体经济高质量发展水平（2004~2018年）

注：为了图形显示紧凑，横轴（年份）1，2，…，15分别代表2004年、2005年……2018年，纵轴表示各省份农村集体经济高质量发展水平。

从图6-3中可以看出，全国30个省份的农村集体经济高质量发展水平在0.3~0.7之间，每个省份农村集体经济高质量发展水平不同，发展趋势也不同。农村集体经济高质量发展水平较高的省份有：河北、内蒙古、辽宁、吉林、黑龙江、江苏。农村集体经济高质量发展水平较低的有：海南、青海、甘肃、贵州。其余省份属于中低水平或者是中高水平。

中国30个省份农村集体经济高质量发展也具有时空趋势，以2004年、2010年和2018年为代表性年份，将高质量发展水平分为4个层次，分别是高水平（＞0.560）、中高水平（0.530～0.560）、中低水平（0.450～0.530）和低水平（＜0.450）。表6－7列示了中国农村集体经济30个省份在2004～2018年的时空分布。

表6－7 30个省份农村集体经济高质量发展水平时空分布（2004～2018年）

水平	省份	2004年	地区方位	省份	2010年	地区方位	省份	2018年	地区方位
高水平（＞0.560）	黑龙江	0.605	东北	北京	0.570	东	江苏	0.651	东
	内蒙古	0.561	西	黑龙江	0.661	东北	山东	0.644	东
				内蒙古	0.633	西	黑龙江	0.640	东北
				吉林	0.615	东北	河北	0.615	东
				河北	0.594	东	江西	0.608	中
				江苏	0.584	东	吉林	0.608	东北
				河南	0.578	中	内蒙古	0.606	西
							河南	0.606	中
							湖南	0.602	中
							湖北	0.588	中
							安徽	0.572	中
							四川	0.571	西
							陕西	0.565	西
中高水平（0.530～0.560）	河北	0.553	东	江西	0.555	中	云南	0.559	西
	吉林	0.551	东北	山西	0.547	中	天津	0.554	东
	河南	0.541	中	辽宁	0.546	东北	贵州	0.541	西
	辽宁	0.536	东北	山东	0.543	东	广西	0.539	西
				陕西	0.543	西	辽宁	0.537	东北
							重庆	0.535	西

续表

水平	省份	2004年	地区方位	省份	2010年	地区方位	省份	2018年	地区方位
中低水平 (0.450~ 0.530)	江西	0.527	中	安徽	0.528	中	青海	0.529	西
	北京	0.521	东	浙江	0.525	东	山西	0.528	中
	福建	0.515	东	青海	0.512	西	浙江	0.508	东
	江苏	0.513	东	天津	0.512	东	福建	0.505	东
	山东	0.504	东	湖南	0.511	中	新疆	0.500	西
	天津	0.502	东	重庆	0.503	西	宁夏	0.500	西
	安徽	0.502	中	宁夏	0.492	西	广东	0.496	东
	云南	0.494	西	四川	0.486	西	甘肃	0.472	西
	陕西	0.492	西	福建	0.485	东	上海	0.470	东
	山西	0.488	中	湖北	0.483	中			
	青海	0.487	西	新疆	0.476	西			
	四川	0.484	西	广东	0.469	东			
	湖南	0.482	中	广西	0.459	西			
	浙江	0.464	东	云南	0.456	西			
	湖北	0.456	中	上海	0.455	东			
	重庆	0.453	西						
	广东	0.452	东						
低水平 (<0.450)	上海	0.447	东	贵州	0.430	西	北京	0.442	东
	广西	0.442	西	甘肃	0.415	西	海南	0.401	东
	贵州	0.436	西	海南	0.397	东			
	新疆	0.436	西						
	宁夏	0.423	西						
	海南	0.421	东						
	甘肃	0.408	西						

注：省份是按照农村集体经济高质量发展水平高低进行排序的。

从表6-7中可以看出，中国农村集体经济经过15年的发展，高水平的省份增多，低水平的省份减少。2018年，高水平省份有13个，是2004年的6.5倍；中高水平省份个数有6个，比2004年增加了50%；中低水平省份个数有6个，比2004年减少了47.06%；低水平省份个数有2个，比2004年减少了71.43%。经过15年发展，中国农村集体经济高质量发展水平整体上有所提升，中高水平和高水平的省份个数有所增加，中低水平和低水平省份个数有所减少。农村集体经济高质量发展水平整体上升趋势也能够从图6-2中看出。

在高水平省份方面，2004年只有黑龙江和内蒙古两个省份，到2010年新增了北京、吉林、河北、江苏、河南，到2018年新增了山东、江西、湖南、湖北、安徽、四川、陕西（北京已不在高水平梯队中）。高水平的地区逐渐丰富，2004年只有东北地区和西部地区，到2018年有3个东部地区、5个中部地区、3个西部地区和2个东北地区，全国农村集体经济高质量发展的水平时空分布较为均匀。

将中国30个省份2004年、2010年和2018年农村集体经济高质量发展水平进行排名以及计算排名增减，如表6-8所示。

表6-8　30个省份农村集体经济高质量水平排名增减（2004～2018年）

序号	省份	2004年	2010年	2018年	排名	年均增长率（%）	地区
1	北京	8	7	29	-21	-0.97	东部
2	天津	12	16	15	-3	0.83	东部
3	河北	3	4	4	-1	0.80	东部
4	山西	16	9	21	-5	0.61	中部
5	内蒙古	2	2	7	-5	0.65	西部
6	辽宁	6	10	18	-12	0.11	东北
7	吉林	4	3	6	-2	0.76	东北
8	黑龙江	1	1	3	-2	0.45	东北
9	上海	24	27	28	-4	0.42	东部
10	江苏	10	5	1	9	1.79	东部
11	浙江	20	14	22	-2	0.80	东部

续表

序号	省份	2004年	2010年	2018年	排名	年均增长率（%）	地区
12	安徽	13	13	11	2	0.96	中部
13	福建	9	21	23	-14	-0.06	东部
14	江西	7	8	5	2	1.10	中部
15	山东	11	11	2	9	1.81	东部
16	河南	5	6	8	-3	0.83	中部
17	湖北	21	22	10	11	1.90	中部
18	湖南	19	17	9	10	1.66	中部
19	广东	23	24	26	-3	0.70	东部
20	广西	25	25	17	8	1.57	西部
21	海南	29	30	30	-1	0.25	东部
22	重庆	22	18	19	3	1.28	西部
23	四川	18	20	12	6	1.26	西部
24	贵州	26	28	16	10	1.67	西部
25	云南	14	26	14	0	0.97	西部
26	陕西	15	12	13	2	1.01	西部
27	甘肃	30	29	27	3	1.20	西部
28	青海	17	15	20	-3	0.80	西部
29	宁夏	28	19	25	3	1.35	西部
30	新疆	27	23	24	3	1.19	西部

  2004年排名前五的是：黑龙江、内蒙古、河北、吉林、河南，有两个东北地区，东部、中、部西部地区各一个。2004年排名后五的是：贵州、新疆、宁夏、海南、甘肃，有四个西部地区和一个东部地区。2018年排名前五的是：江苏、山东、黑龙江、河北、江西，有三个东部地区、一个东北地区、一个中部地区。2018年排名后五的是：广东、甘肃、上海、北京、海南，有四个东部地区和一个西部地区。

  排名增减情况，2004～2018年，排名增加幅度较大的地区有：湖北（+11）、湖南（+10）、贵州（+10）、江苏（+9）、山东（+9）、广西（+8）、四川（+6），有两个东部地区、两个中部地区、三个西部地区。排名减少幅度较大的地区有：北京（-21）、福建（-14）、辽宁（-12）、山西（-5）、内蒙古（-5）、上海（-4），有三个东部地区，一个中部地区，一个西部地区，一个东北地区。

将表6-8中每个省份的年均增长率（%）绘制成图，如图6-4所示。

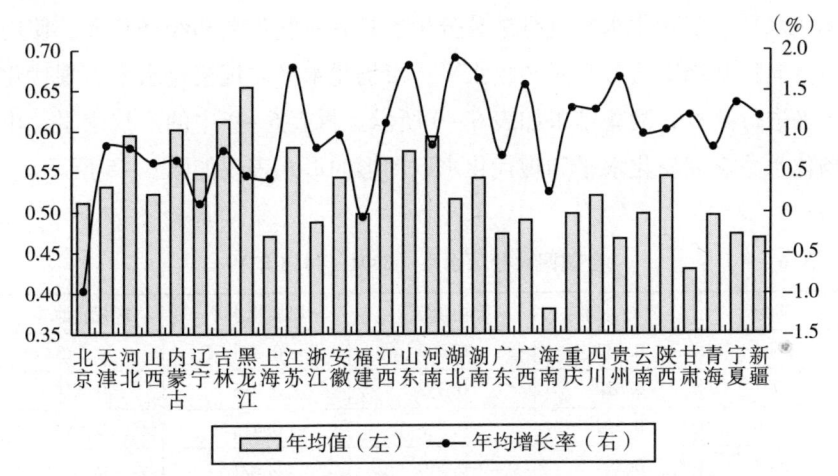

图6-4 30个省份农村集体经济高质量发展水平年均增长率

从图6-4可以看出增长率最高的是湖北（1.90%）、其次是山东（1.81%）、第三位是江苏（1.79%），第四位是贵州（1.67%）、第五位是湖南（1.66%）。广西（1.57%）、宁夏（1.35%）、重庆（1.28%）、四川（1.26%）、甘肃（1.20%）的增长率也较高。增长率最低的两个是北京（-0.97%）和福建（-0.06%），其余内蒙古（0.65%）、山西（0.61%）、黑龙江（0.45%）、上海（0.42%）、海南（0.25%）、辽宁（0.11%）增长率较低。

第三节 分项水平分析

一、全国分项水平

对构成农村集体经济高质量发展水平的产权水平、市场化水平、规模化水平、现代化水平进行单独分析也具有实践意义和经济意义。使用纵横向拉开档次法分别对产权水平、市场化水平、规模化水平、现代化水平进行测算，测算结果如表6-9所示。将表6-9中的产权水平、市场化水平、规模化水平和现代化水以图形的形式表现如图6-5所示。

表6-9　　　　全国四大分项水平（2004~2018年）

年份	产权水平	市场化水平	规模化水平	现代化水平
2004	0.611	0.306	0.373	0.546
2005	0.622	0.332	0.386	0.571
2006	0.591	0.333	0.415	0.550
2007	0.591	0.370	0.397	0.556
2008	0.596	0.334	0.354	0.562
2009	0.581	0.350	0.335	0.583
2010	0.580	0.375	0.344	0.581
2011	0.594	0.312	0.341	0.594
2012	0.609	0.342	0.315	0.592
2013	0.542	0.359	0.322	0.612
2014	0.540	0.353	0.335	0.598
2015	0.525	0.353	0.341	0.605
2016	0.574	0.394	0.357	0.618
2017	0.619	0.360	0.355	0.627
2018	0.610	0.380	0.358	0.619

注：每年的产权水平、市场化水平、规模化水平和现代化水平均为全国30个省份的均值。

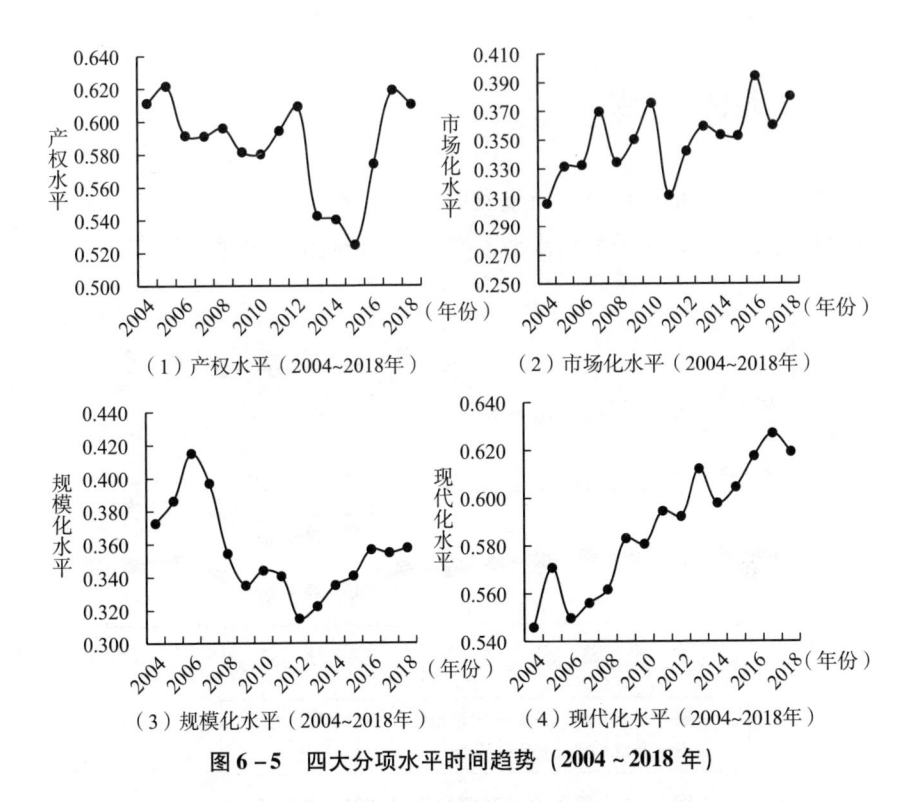

第六章 中国农村集体经济高质量发展水平测度

图 6-5　四大分项水平时间趋势（2004～2018 年）

从图 6-5 中可以看出每一个分项水平的时间趋势都不同。产权水平呈"V"形波动，波动幅度较大，尤其在 2015 年产权水平最低，即经营性收入与财产性收入之和占整个农民人均可支配收入水平的比例最小。值得一提的是，2016 年正式发布了《关于完善农村土地所有权承包权经营权分置办法的意见》，承包地"三权分置"加快了农村家庭经营性耕地的流动，提高了承包地经营性收入，进而提高了产权水平。市场化水平呈"M"形增长，表示了 15 年间劳动市场、土地市场、资本市场、技术市场以及要素流动程度的水平均有所提高，市场化水平的平稳增长趋势有助于整体水平的增长趋势。规模化水平呈"V"形波动，在 2006 年水平最高。现代化水平呈"M"形增长，现代化水平的快速增长趋势也有助于整体水平的增长趋势。

二、地区分项水平

将中国农村集体经济高质量发展分项水平按照四大地区进行划分，并求得每个地区每年的平均水平，如图6-6至图6-9所示。

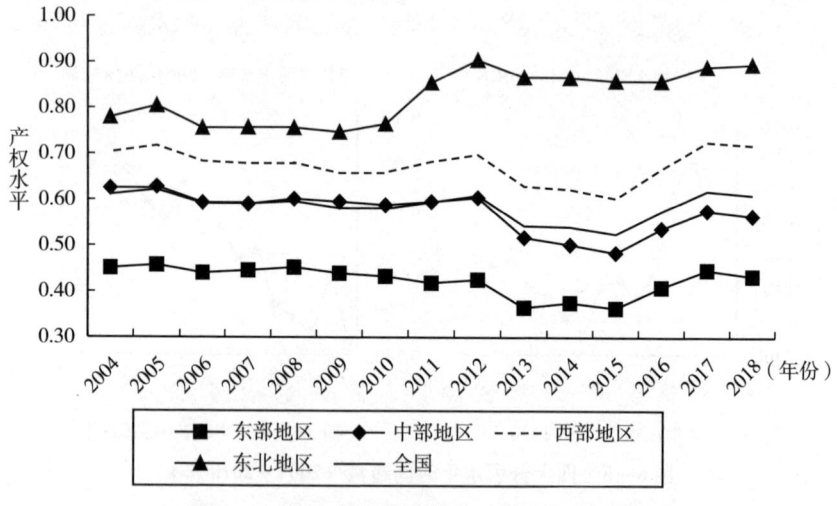

图6-6 四大地区产权水平（2004~2018年）

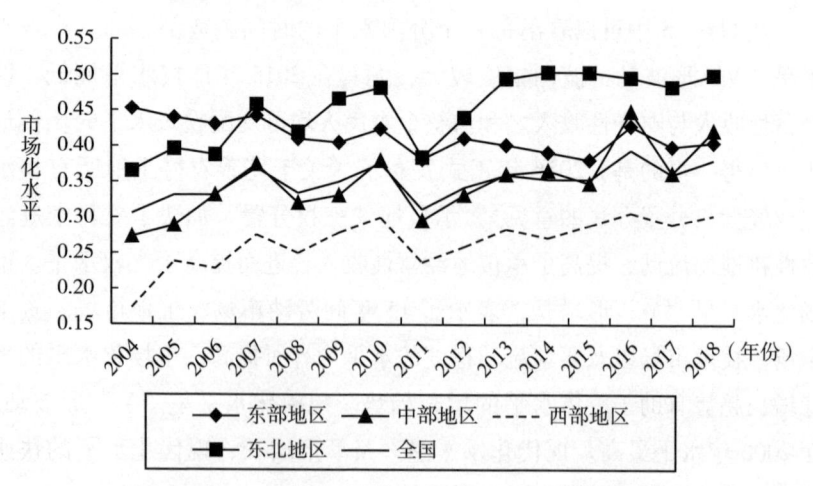

图6-7 四大地区市场化水平（2004~2018年）

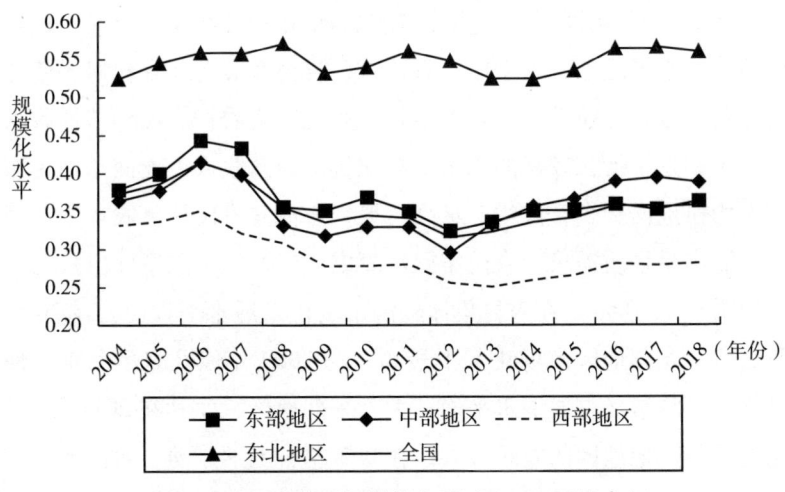

图 6-8 四大地区规模化水平（2004～2018 年）

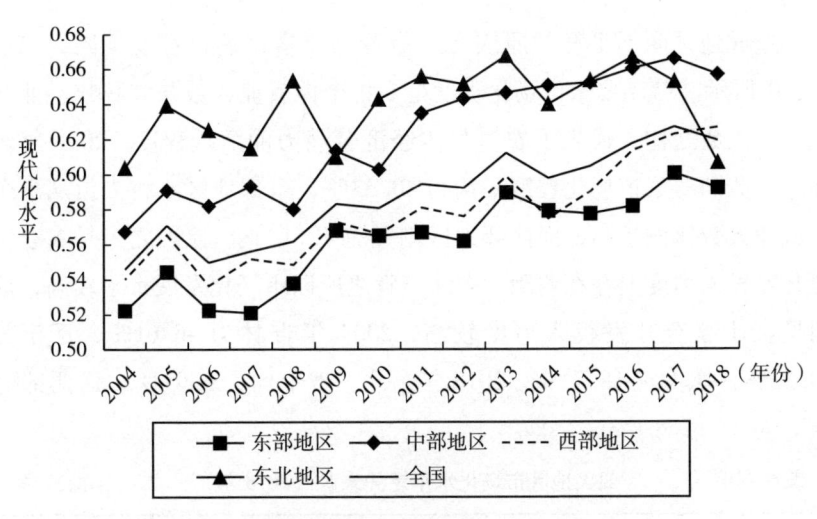

图 6-9 四大地区现代化水平（2004～2018 年）

如图 6-6 所示，在产权水平方面，东北地区最高，产权水平大约在 0.7～0.9 之间。其次为西部地区产权水平大约在 0.6～0.72 之间。中部地区的水平与全国平均水平大致相同。东部地区最低，产权水平大约在 0.3～0.45 之间。四大地区均在 2013 年出现了产权水平下降的情况，在2015年开始回升。东北三省农村居民人均收入与全国比较均处在全国平均水平之上，辽宁居三省之首，吉林和黑龙江农村居民依靠较高的经营性收入，拉动平均收入增长。东北三省农村居民经营性收入比例近几年都是维持在较高的水平，高比例的经营收入一方面是因为东北三省人均耕地面积多，人均产量高，另一方面是农民从事农业生产经营活动尚能满足物质需求，农民宁愿从事农业生产，不愿意外出打工。

如图6-7所示，在农村集体经济市场化发展水平方面，在2006年以及之前，东部地区市场化水平最高，在2007年以及之后，东北地区农村集体经济市场化发展水平逐渐大于东部地区，尤其在2011年以后，东北地区与其他地区的差距拉大，在0.5左右上下浮动。西部地区市场化发展水平最低，大部分在0.3以下。中部地区则与全国平均水平大致相同。

造成地区间不平衡的原因之一是劳动要素市场化程度不同，如表6-10所示。劳动要素市场化程度是乡村个体就业人数与农林牧渔业从业人员人数之比，代表了农村集体经济劳动力的活跃程度。2018年东部地区劳动要素市场化程度平均为40.33%，东部地区乡村人员从事个体就业人数比例较高，而西部地区则只有12.13%。原因之二是农业综合开发投入力度上存在差距。东北三省之所以市场化发展水平较高，原因是农业综合开发投入力度较高，2004年吉林为46.61%，辽宁为39.22%，黑龙江18.75%。2018年东北三省平均为6.01%，而西部地

表6-10　　　四大地区市场化水平差异来源（2018年）　　　单位：%

市场化部分指标	劳动要素市场化程度	农业综合开发投入力度	农村城市化
东部地区	40.33	2.90	70.95
中部地区	17.11	3.77	56.20
西部地区	12.13	3.22	54.19
东北地区	28.22	6.01	61.91

注：该数据为2018年每个地区市场化指标数据的平均值。

区平均为3.22%，东部地区平均为2.90%，存在着较大的差距。原因之三是农村城市化水平存在着不同。西部地区之所以市场化发展水平为最低，主要是因为西部地区农村城市化水平较低，2018年西部地区农村市场化平均水平为54.19%，只超过了5成。而东部地区农村城市化水平均为70.95%，超过了7成。

如图6-8所示，在规模化发展水平方面，东北地区最高，在0.5~0.57之间，西部地区最低，在0.25~0.35之间，东北地区规模化发展水平几乎是西部地区的二倍。中部地区和东部地区的规模化发展水平与全国平均发展水平差距很小，时间趋势也相似。在2012年之后，东部地区被中部地区赶超，中部地区取代东部地区成为规模化水平的第二位。从表6-11中可以看出，东北地区之所以规模化水平最高，主要原因在于其人均耕地面积是中部地区的3.8倍、是东部地区的3.7倍；粮食作物播种比例是西部地区的1.52倍、是东部地区的1.5倍；机械化服务程度是东部地区的2.54倍、是中部地区的2.51倍。但是在水利化程度和技术市场成交额占比方面，东部地区最高。

表6-11　　　　四大地区规模化水平差异来源（2018年）

规模化指标	人均耕地面积（千公顷/万人）	粮食作物播种比例（%）	机械化服务程度（%）	水利化程度（%）	技术市场成交额占比（%）
东部地区	4.34	60.22	16.97	71.25	2.94
中部地区	4.23	71.98	17.15	63.01	1.06
西部地区	6.56	59.43	22.58	38.99	1.40
东北地区	16.07	90.59	43.12	32.76	2.12

注：该数据为2018年每个地区规模化指标数据的平均值。

在现代化水平方面，整体来看，东部地区、中部地区和西部地区整体上升，而东北地区虽然原始数值较高，但是经过15年的发展，在2007年、2009年、2014和2017年下降幅度较大，整体波动幅度较大，平均增速不如其他三个地区以及全国，从2004年的远远高于其他地区下降到2018年的远远落后于中部地区和西部地区，仅高于东部地区，如图6-9所示。表6-12则显示了2018年各地区现代化指标的均值。

表6-12　　　四大地区现代化水平差异来源（2018年）

方向	现代化指标	东部地区	中部地区	西部地区	东北地区
+	农村投递路线（万公里）	14.27	15.57	11.42	10.90
+	铁路营业里程（万公里）	0.32	0.48	0.47	0.61
+	设置卫生室的村占行政村数（%）	83.12	100.00	100.00	100.00
+	农村最低生活保障人均支出（元/人）	5955.96	3030.57	3093.15	2857.49
+	农村卫生厕所普及率（%）	92.93	78.28	71.89	77.67
+	森林覆盖率（%）	36.65	37.29	30.90	41.50
-	塑料薄膜使用强度（吨/千公顷）	46.84	68.89	61.59	65.23
-	受灾率（%）	28.67	22.89	24.63	6.58
-	化肥施用强度（吨/千公顷）	216.65	364.84	396.77	406.53
-	农药施用强度（吨/千公顷）	14.78	21.40	27.20	23.69
-	万元农业GDP耗水（立方米）	5978.24	5629.86	4514.94	5094.71
+	节水率（%）	52.99	17.57	26.44	14.83
+	教育支出力度（%）	16.44	16.62	15.40	12.48
+	农村居民医疗保健支出占消费性支出（%）	8.34	10.00	10.35	13.30
+	每万人拥有乡村医生和卫生员（人）	13.62	19.19	17.01	15.23
+	每万人拥有卫生技术人员（人）	65.70	74.41	78.54	67.78
-	农村居民家庭恩格尔系数（%）	10.25	12.47	11.98	14.54
+	人均农林牧渔业总产值	3.03	1.17	0.94	1.88

三、省份分项水平

中国30个省份的4个分项指标的年均值和年均增长率如表6-13和图6-10所示。

表 6-13　　30 个省份四大分项指标年均值及其增长率

地区	年均值				年均增长率（%）			
	产权	市场化	规模化	现代化	产权	市场化	规模化	现代化
北京市	0.155	0.500	0.479	0.542	-0.14	-1.28	-2.26	-0.53
天津	0.416	0.608	0.459	0.532	-1.14	-0.84	1.78	1.52
河北	0.523	0.369	0.452	0.677	-0.65	1.68	0.25	1.01
山西	0.458	0.262	0.410	0.610	-2.43	5.17	1.51	0.57
内蒙古	0.867	0.434	0.533	0.638	0.84	5.64	0.43	0.26
辽宁	0.647	0.463	0.420	0.584	1.27	-0.68	-0.09	0.33
吉林	0.924	0.418	0.540	0.652	1.33	2.72	0.30	0.72
黑龙江	0.900	0.475	0.680	0.680	0.74	7.02	1.19	-0.53
上海	0.000	0.483	0.432	0.502	0.00	0.49	0.93	0.35
江苏	0.411	0.429	0.507	0.638	1.89	1.19	0.95	2.17
浙江	0.408	0.386	0.268	0.553	-0.34	0.42	0.00	1.28
安徽	0.580	0.351	0.428	0.604	0.62	6.43	2.15	0.43
福建	0.571	0.353	0.282	0.562	1.31	-3.03	-0.76	0.80
江西	0.580	0.424	0.336	0.634	0.21	3.58	-0.71	1.23
山东	0.631	0.396	0.404	0.642	1.71	1.98	1.64	1.92
河南	0.656	0.342	0.384	0.682	-1.41	4.93	0.54	0.70
湖北	0.665	0.324	0.266	0.593	-0.27	3.87	1.99	2.00
湖南	0.501	0.390	0.327	0.613	-0.11	4.07	-0.43	1.82
广东	0.339	0.278	0.239	0.567	-0.02	-1.21	-0.18	1.06
广西	0.669	0.176	0.134	0.613	1.98	1.45	-1.89	1.86
海南	0.783	0.332	0.152	0.405	-1.49	0.37	-2.33	1.40
重庆	0.514	0.322	0.196	0.587	0.64	4.97	-4.14	1.37
四川	0.576	0.244	0.269	0.624	0.53	4.55	-1.59	1.34
贵州	0.582	0.127	0.142	0.597	-1.46	8.96	-4.30	1.88
云南	0.859	0.157	0.251	0.600	0.88	8.26	-0.20	0.86
陕西	0.508	0.250	0.333	0.652	-0.69	10.95	-0.88	0.80

续表

地区	年均值				年均增长率（%）			
	产权	市场化	规模化	现代化	产权	市场化	规模化	现代化
甘肃	0.645	0.154	0.289	0.505	0.86	5.92	0.27	1.21
青海	0.614	0.354	0.174	0.574	-0.28	5.45	0.03	0.77
宁夏	0.634	0.417	0.338	0.496	0.23	4.86	-0.58	1.50
新疆	0.957	0.287	0.533	0.469	-0.05	2.66	0.13	1.74
全国均值	0.586	0.350	0.355	0.588	0.15	3.35	-0.21	1.06
东部均值	0.424	0.414	0.367	0.562	0.11	-0.02	0.00	1.10
中部均值	0.573	0.349	0.358	0.623	-0.57	4.68	0.84	1.13
西部均值	0.675	0.266	0.290	0.578	0.32	5.79	-1.16	1.24
东北均值	0.824	0.452	0.547	0.639	1.11	3.02	0.47	0.18

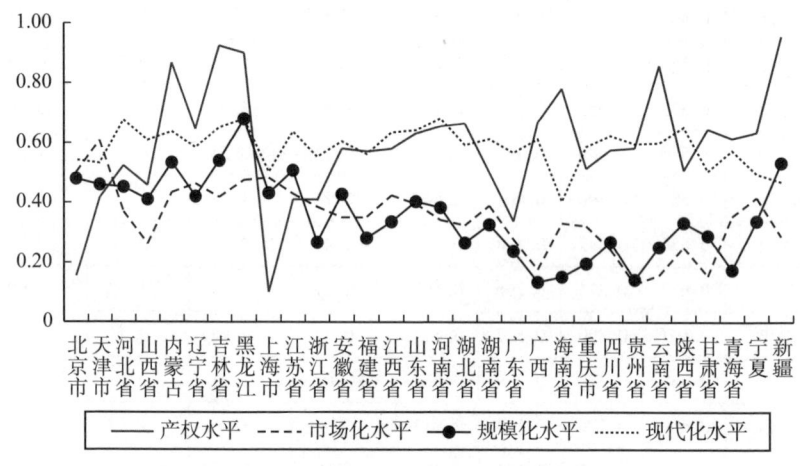

图 6-10 30 个省份四大分项指标年均值变化趋势

从图 6-10 中可以看出，在产权水平方面，新疆、吉林、黑龙江、内蒙古、云南、海南、广西、湖北、河南、辽宁的产权水平排名位于前 10 位。在市场化水平方面，天津、北京、上海、黑龙江、辽宁、内蒙古、江苏、江西、吉林、宁夏的市场化水平排名位于前 10 位。在规模化水平方面,黑龙江、吉林、内蒙古、新疆、江苏、北京、天津、河北、上海、安徽的规模化水平排名位于前 10 位。在现代化水平方面,河南、黑龙江、河北、吉林、陕西、山东、内蒙古、江苏、江西、四川的现代化水平排名位于前 10 位。

第七章

中国农村集体经济高质量发展影响因素计量分析

第一节 指标体系构建

一、指标选取及数据来源

基于前面几章对中国农村集体经济高质量发展的外延、机制分析、影响因素理论分析,可以归纳出中国农村集体经济高质量发展的五大影响因素,分别是制度创新、人力资本、科技创新(技术进步)、资本投入和土地。本书选取了与以上五大因素相关的10个具体指标,覆盖了全国30个省份(排除西藏),时间跨度也是2004~2018年。被解释变量(y)为第6章用纵横向拉开档次法测算的中国农村集体经济高质量发展水平。中国农村集体经济高质量发展影响因素、计算公式及其资料来源如表7-1所示。

表 7-1　　　　　农村集体经济高质量发展影响因素及其数据来源

序号	变量名称	影响因素	计算公式	单位	资料来源	代表方面
1	gra	人均粮食产量	粮食总产量（万吨）/农林牧渔业从业人员（万人）	吨/人	国家统计局	制度创新
2	af	农林牧渔业从业人员占比	农林牧渔业从业人员（万人）/乡村人口数（万人）	%	国家统计局	劳动力数量
3	edu	农村人力资本水平	农村劳动力受教育年限平均加权（年）	年	《中国人口和就业统计年鉴》	劳动力质量
4	lab	劳动生产率	农林牧渔业总产值（亿元）/农林牧渔业从业人员（万人）	万元/人	国家统计局	劳动力效率
5	agr	农业财政支出力度	农林水事务支出（亿元）/地方财政一般预算支出（亿元）	%	国家统计局	资金投入
6	cap	资本生产率	农林牧渔业总产值（亿元）/农、林、牧、渔业全社会固定资产投资（亿元）	%	《中国农村统计年鉴》	资本效率
7	rd	R&D 经费投入强度	研究与试验发展经费支出（亿元）/地区 GDP（亿元）	%	《中国科技统计年鉴》	科技创新
8	tec	科技投入力度	地方财政科学技术支出（亿元）/地方财政一般预算支出（亿元）	%	国家统计局	科技投入
9	pat	人均专利占有量	国内专利授权数（件）/乡村人口（万人）	件/万人	《中国科技统计年鉴》	技术进步
10	lp	土地生产率	粮食总产量（万吨）/耕地面积（万亩）	吨/亩	国家统计局	土地效率

注：①影响因素指标排列的先后顺序不代表指标的重要程度。
②各类统计年鉴的时间均为 2005~2019 年，国家统计局网站勾选的时间范围均为 2004~2018 年。

二、指标合理性分析

1. 用人均粮食产量表示制度创新

总体来看，中国农村集体经济发展经历了国家强制性制度创新和农民自发的诱致性制度创新，制度创新主要受到国家各项政策的影响，但是能够直接表示制度创新的指标较少，粮食产量是衡量农村集体经济发展的首要指标，历年粮食产量能够间接反映历年的国家制度创新的政策效果，因此本书选取人均粮食产量作为制度创新的代表变量。

2. 人力资本由劳动力数量、劳动力质量和劳动力效率组成

（1）劳动力数量用农林牧渔业从业人员占比表示。与农村劳动力数量相关的指标有"农林牧渔业从业人员""乡村从业人员""第一产业从业人员"。"农林牧渔业从业人员"是在"乡村从业人员"口径下统计的，乡村从业人员中有多少人从事农林牧渔业的生产；"第一产业从业人员"是从所有从业人员中统计出来的，不仅包括"乡村从业"的，也包括"城镇从业"的。由于本书研究的是中国农村集体经济，与之最为相关的是农林牧渔业从业人员，因此本书用农林牧渔业从业人员与乡村人口数之比表示农村集体经济劳动力数量。

（2）劳动力质量用农村人力资本水平表示。劳动力质量是人力资本中最为重要的因素，劳动力质量的高低直接决定了农村集体经济发展的质量。高质量的人力资本是农村集体经济高质量发展的坚实基础，现阶段农村集体经济面临着青壮年劳动力的流失，留守在农村的大部分是老弱群体，而发展较好的农村集体经济组织都是靠种植能手、乡村精英、新乡贤的带动，因此高质量的人力资本是农村集体经济高质量发展必不可少的条件。农村人力资本水平用农村劳动力平均受教育年限表示。农村劳动力受教育程度分为未上过学、小学、初中、高中、大专及以上5类，对应的教育年限分别为1年、6年、9年、12年和15年，通过加权平均可得到各地区的农村劳动力平均受教育年限。

（3）劳动力效率用劳动生产率来表示。农村集体经济高质量发展

离不开高质量生产要素的投入及生产要素高效率的配置。较高的人力资本水平意味着较高的学习能力，能够更好地配置集体资源和资产，提高要素的配置效率和使用效率。本书用农林牧渔业总产值与农林牧渔业从业人员之比表示劳动力效率，表示了每个农村集体经济劳动力能够生产多少万元的农林牧渔业总产值。

3. 资本投入包括资金投入和资本效率

（1）资金投入用农业财政支出力度表示。劳动力、资本、土地是农村集体经济发展的三大传统生产要素，资金投入对农村集体经济发展具有积极作用。针对农村集体经济的资金投入，本书选取农林水事务支出表示。该指标的统计口径于2007年发生变化，2006年及之前，该指标为"农林水事务支出"，2007年及之后，将"农林水事务支出"归于"国家财政用于农业的支出"进行统计。农林水事务支出与地方（全国）财政一般预算支出之比可以表示农村集体经济发展中的农业财政支出力度。政府对农业支出力度的增加，有利于留住农业科技人员，促进科技进步，提高农业新技术、新良种的推广；也有助于完善农业基础设施，改善农业生产条件；还有利于农村的教育发展，提高劳动力质量。

（2）资本效率用资本生产率来表示。资本使用的效率可以视为农村集体经济中生产要素的配置效率，要素配置效率对农村集体经济有重要的影响。用农林牧渔业总产值与农、林、牧、渔业全社会固定资产投资之比表示资本生产率。

4. 科技创新与技术进步

（1）科技创新用R&D经费投入强度表示。R&D经费投入强度为研究与试验发展经费支出与地区GDP之比。虽然各种统计年鉴上没有单独对农村集体经济的研究与试验发展经费支出进行单独统计，但是从农业科技进步贡献率与科技进步贡献率相比较来看，二者的差别不大，因此可以用全国的数据代替农村集体经济的数据，使用全国的科技数据代表农村集体经济的科技数据不失一般性。

（2）科技投入用科技投入力度表示。地方财政科学技术支出与地方财政一般预算支出之比可以表示科技投入力度。

(3) 技术进步用人均专利占有量表示。技术进步并不是一个显现变量，新古典学派经济增长理论中用"全要素生产率"（TFP）来衡量纯技术进步在生产中的作用。本书使用国内专利授权数与乡村人口之比所代表的人均专利占有量表示农村集体经济的技术进步。

5. 土地效率用土地生产率表示

农村土地也是农村集体经济高质量发展的重要配置要素，土地的生产率可以用粮食总产量与耕地面积之比来表示，单位耕地面积上的粮食总产量越多，表明土地的生产率越高，土地要素的配置效率越高。

第二节　计量模型设定

一、分位数回归模型

为了考察解释变量对被解释变量的影响，经典做法是进行最小二乘法（OLS）回归。最小二乘法回归是从平均数的角度得到参数结果，它描述了因变量的条件均值分布受自变量 x 的影响过程，只能分析 x 对 y 的平均影响效果，难以反映出自变量 x 在不同条件位置上的差异化影响，只能得到一条回归线，而一条回归线所能反映的信息量是有限的。均值回归往往会受到极端值的影响，使得参数估计变得很不稳定。例如当数据中存在严重的异方差，或者存在厚尾、尖峰等情况时，最小二乘法的估计将不再具有无偏性、有效性等优良性质。而分位数回归相对于最小二乘回归，应用条件更加宽松，挖掘的信息量更加丰富。它依据因变量的条件分位数对自变量 x 进行回归，能够更精确地描述自变量 x 对于因变量 y 的变化范围，以及条件分布形状的影响。分位数回归系数估计比最小二乘回归系数估计更加稳健。考虑到中国农村集体经济发展的周期波动和各省份所处发展阶段的异质性，用普通回归方法估计可能会带来偏误，因此本书选择分位数回归方法。

分位数回归方法，最早由科恩克和巴塞特（Koenker and Bassett, 1978）提出，基于因变量的条件分布来拟合自变量的函数关系，其回归结果受异常值的影响不敏感，比传统面板均值回归更稳健。分位数回归能够最大程度降低极端值对估计结果的影响，各分位数的回归对应着不同的系数，能够对因变量可以的分位点特征进行分解，使估计结果具有可信性和稳健性。

分位数线性回归模型假定条件分布 $y|x$ 的总体 q 分位数 $y_q(x_i)$ 是 x 的线性函数，公式表示为：

$$y_q(x_i) = x_i'\beta_q$$

其中，β_q 是 q 分位点上的估计系数，其估计值 $\hat{\beta}_q$ 是下式最小值：

$$\min \sum_{i \geq x_i\beta_q} q|y_i - x_i'\beta_q| + \sum_{i < x_i\beta_q}(1-q)|y_i - x_i'\beta_q|$$

面板分位数模型估计法能充分考虑参数异质性，同时把异常样本点对估计结果的影响降低，本书将通过此方法考察各个影响因素对中国农村集体经济高质量发展水平的影响范围和方向走势。

二、数据平稳性检验

在面板数据处理好之后，第一步就是面板单位根检验，若直接对非平稳数据建模，很容易出现伪回归现象。面板单位根检验包括 LLC 检验、HT 检验、IPS 检验、费雪式检验、Breitung 检验和 Hardi LM 检验[①]。LLC 检验、Fisher 检验适用于 T→∞ 的长面板数据，HT 检验和 IPS 检验适用于 T 固定的面板数据。LLC 检验、HT 检验和 Breitung 检验则要求每位个体的自回归系数都相等。而 IPS 检验则克服了此缺点，允许具有不同的自回归系数。理论上，时间跨度 T 较小（T<20）时面板单位根检验方法功效低。本书面板数据时间长度 T=15，个体数量 n=30，考虑到时间的长度以及共同根假设，本书选择 HT 检验和 IPS 检验来进

---

① 陈强：《高级计量经济学及 stata 应用》，高等教育出版社 2016 年版，第 422～431 页。

行面板数据的平稳性检验，检验结果如表7-2所示。面板单位根检验表明了gra、cap、rd、pat、lp这五个解释变量一阶差分平稳，其余变量零阶平稳。因此，在后续面板分位数回归模型中，已经平稳的变量使用本身水平值、一阶差分平稳的解释变量取对数后进行回归。

表7-2 面板单位根检验

变量	定义	level	HT检验 t值	IPS检验 t值
lev	农村集体经济高质量发展水平	水平	-3.3749***	-2.8160***
gra	人均粮食产量	水平	0.5604	0.2951
		一阶差分	0.1616***	-12.5604***
af	农林牧渔业从业人员占比	水平	0.3605***	-2.1137**
edu	农村人力资本水平	水平	0.1803***	-3.6790***
lab	劳动生产率	水平	0.6328***	-2.0221**
agr	农业财政支出力度	水平	0.4425***	-3.0871***
cap	资本生产率	水平	1.0393	1.6658
		一阶差分	-0.2134***	-9.8238***
rd	R&D经费投入强度	水平	1.0102	1.4682
		一阶差分	0.159***	-7.6289***
tec	科技投入力度	水平	0.7166***	1.0828
pat	人均专利占有量	水平	0.8041	-0.7155
		一阶差分	0.1344***	-6.6942***
lp	土地生产率	水平	0.5313	0.5024
		一阶差分	-0.1063***	-12.0744***

注：*、**、***分别表示10%、5%和1%的显著性水平。

三、描述性统计分析

首先，对被解释变量（lev）和解释变量（gra、af、edu、lab、agr、

cap、rd、tec、pat、lp）进行描述性统计分析，如表7-3所示。

表7-3 描述性统计分析

变量名称	定义	平均值	标准误	最小值	最大值
lev	农村集体经济高质量发展水平	0.5228	0.0647	0.3358	0.6852
gra	人均粮食产量（吨/人）	2.2877	1.8241	0.5868	12.4388
af	农林牧渔业从业人员占比（%）	0.4091	0.1045	0.1330	0.6133
edu	农村人力资本水平（年）	7.5703	0.6442	5.4494	9.6931
lab	劳动生产率（万元/人）	1.6422	1.1668	0.4072	7.9866
agr	农业财政支出力度（%）	0.1025	0.0330	0.0213	0.1897
cap	资本生产率（%）	12.2686	15.2876	0.7226	182.8813
rd	R&D经费投入强度（%）	0.0142	0.0106	0.0017	0.0617
tec	科技投入力度（%）	0.0193	0.0133	0.0039	0.0720
pat	人均专利占有量（件/万人）	25.1454	54.9790	0.1977	424.3849
lp	土地生产率（吨/亩）	0.2868	0.1116	0.1065	0.5464

注：每个变量T=15，n=30。

从表7-3中可以看出，在全样本下，中国农村集体经济高质量发展的平均水平为0.5228，最小值为0.3358，最大值为0.6852。农村集体经济制度创新方面，人均粮食产量平均为每人2.2877吨，最小0.5868吨，最大12.4388吨。农村集体经济劳动力数量方面，农林牧渔业从业人员占比平均为40.91%，最小值为13.30%，最大值为61.33%。农村集体经济劳动力质量方面，农村人力资本水平受教育年限平均为7.5703年，最少5.4494年，最多9.6931年。农村集体经济劳动力效率方面，劳动生产率为平均每个农林牧渔业从业人员能够生产出1.6422万元的农林牧渔业总产值，最少生产0.4072万元，最多生产7.9866万元。农村集体经济资金投入方面，农业财政支出力度平均水平为10.25%，最小值为2.13%，最大值为18.97%。农村集体经济资本效率方面，资本生产率平均水平为12.2686，最小值为0.7226，最大值为 182.8813。农村集体经济科技创新方面，R&D 经费投入强度平均水平为 1.42%，最小值为 0.17%，最大值为 6.17%。农村集体经济科技投入方面，科技投入力度平均水平为 1.93%，最小值为 0.39%，最大值为 7.2%。农村集体经济技术进步方面，人均专利占有量平均水平为每万人乡村人口拥有 25.1454 件国内授权专利数量，最小值为 0.1977 件，最大值为 424.3849 件。农村集体经济土地效率方面，土地生产率平均水平为每亩耕地能够生产出 0.2868 吨的粮食产量，最小生产 0.1065 吨，最多生产 0.5464 吨。图 7-1 表示了全国及四大地区 10 个解释变量平均值的高低水平。

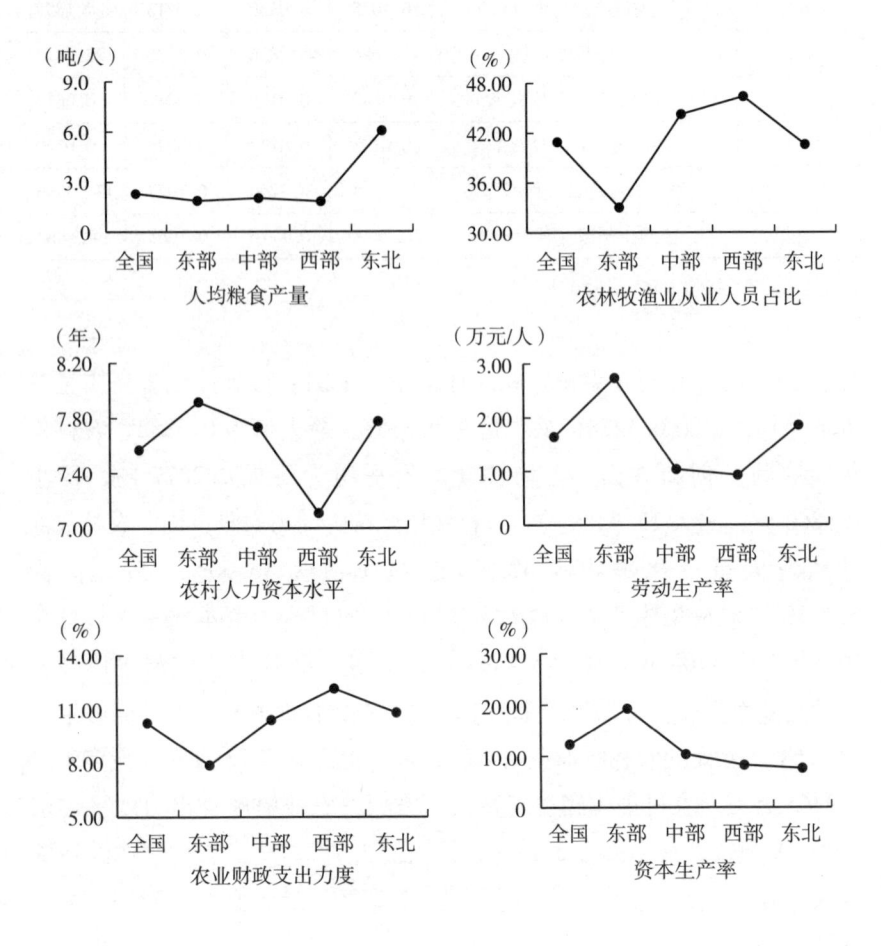

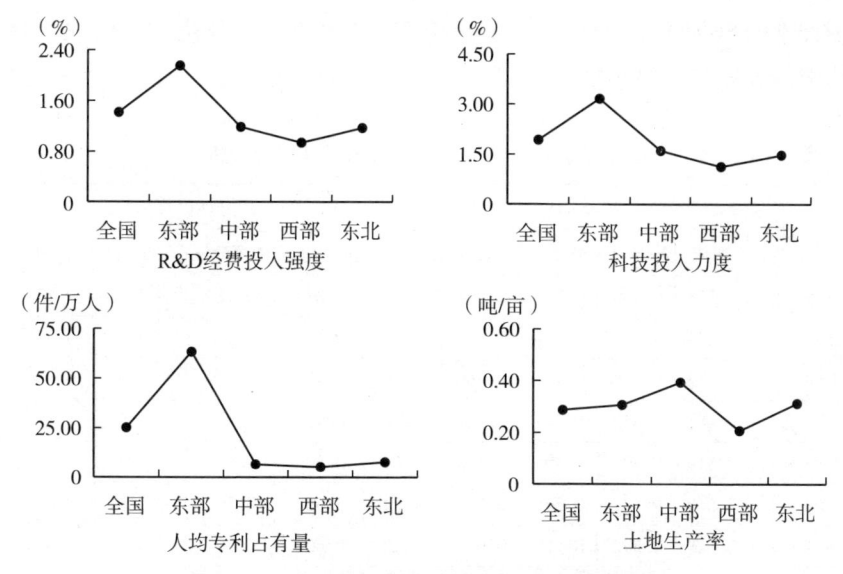

图 7-1　全国及四大地区解释变量平均值高低

从图 7-1 中可以看出解释变量在全国及四大地区的均值都不同。人均粮食产量在东北地区最高。农林牧渔业从业人员东部地区最低，西部地区最高。农村人力资本水平西部最低，东部最高，东北地区高于全国水平。劳动生产率东部地区最高，高于全国水平，东北地区与全国水平不相上下，而西部地区最低。农业财政支出力度东部最低，西部最高，可见国家对西部农业的支持力度较大。资本生产率东部最高，东北最低。R&D 经费投入强度东部最高，西部最低。科技投入力度东部最高，西部最低。人均专利占有量东部地区远远高于其他地区。土地生产率中部最高，西部最低。

其次，对被解释变量农村集体经济高质量发展水平（lev）进行分位数描述性统计分析。表 7-4 显示了全国样本和分地区样本的中国农村集体经济高质量发展水平分位数描述性统计分析，为了节省篇幅，仅列出了全国样本代表性年份分位数描述性统计分析，包括整体样本、2004 年、2008 年、2013 年和 2018 年；分地区样本分析包括东部地区、中部地区、西部地区和东北地区分位数描述性统计分析。图 7-2 为全国样本的 2004 年、2008 年、2013 年和 2018 年不同分位数上的农村集体经济高质量发展水平。

表 7-4　全国样本和地区样本分位数描述性统计分析

分位数	全国样本					分地区样本			
	整体	2004 年	2008 年	2013 年	2018 年	东部地区	中部地区	西部地区	东北地区
1% 分位	0.358	0.408	0.339	0.404	0.401	0.339	0.437	0.398	0.520
5% 分位	0.424	0.421	0.404	0.434	0.442	0.388	0.477	0.424	0.536
10% 分位	0.443	0.429	0.428	0.460	0.471	0.431	0.489	0.433	0.539
25% 分位	0.481	0.452	0.447	0.502	0.505	0.469	0.525	0.460	0.553
50% 分位	0.519	0.490	0.496	0.538	0.548	0.503	0.551	0.494	0.608
75% 分位	0.569	0.521	0.545	0.569	0.606	0.560	0.577	0.526	0.640
90% 分位	0.610	0.552	0.596	0.618	0.628	0.609	0.601	0.570	0.665
95% 分位	0.634	0.561	0.610	0.651	0.644	0.620	0.608	0.598	0.671
99% 分位	0.665	0.605	0.664	0.671	0.651	0.651	0.623	0.633	0.685
均值	0.523	0.490	0.502	0.538	0.550	0.510	0.547	0.498	0.605
标准差	0.065	0.047	0.070	0.064	0.061	0.069	0.041	0.051	0.049
方差	0.004	0.002	0.005	0.004	0.004	0.005	0.002	0.003	0.002

注：为了节省篇幅仅选取代表性年份 2004 年、2008 年、2013 年和 2018 年的分位数描述性统计分析。为节省篇幅列出小数点后三位。

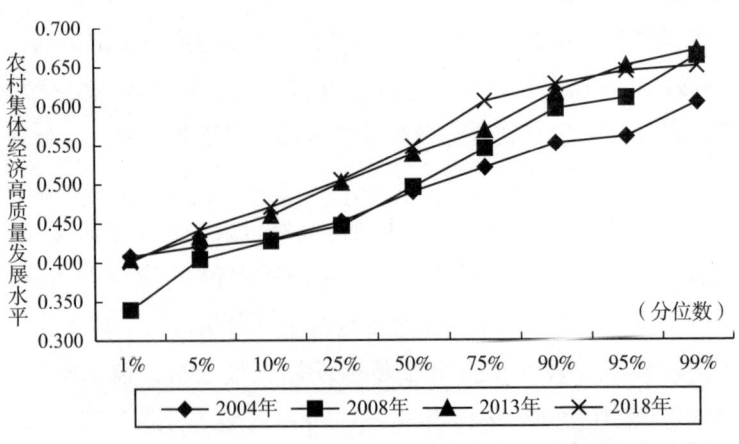

图 7-2　不同年份不同分位数水平上的农村集体经济高质量发展水平

对全国样本进行分析。整体来看，2004年、2008年、2013年和2018年农村集体经济高质量发展水平在不同分位数上有所差别。在1%分位数水平上，2008年的水平最低，其余年份水平相差不大；在5%、10%、25%和50%分位数水平上，2013年和2018年水平较高，2004年和2008年水平都较低；在75%分位数水平上，2018年的水平最高，与第二高水平的2013年差距最大，2008年水平超过了2004年的水平，不再处于最低水平；在90%分位数水平上，2018年仍然是属于最高水平，但是与第二高水平2013年之间的差距逐渐缩小，2004年仍属于最低水平；在95%分位数水平上，2013年水平首次超过了2018年的水平，2004年的水平仍属最低；在99%分位数水平上，2013年水平为最高，其次为2008年，该两年均首次超过了2018年的水平，2004年水平仍属最低。

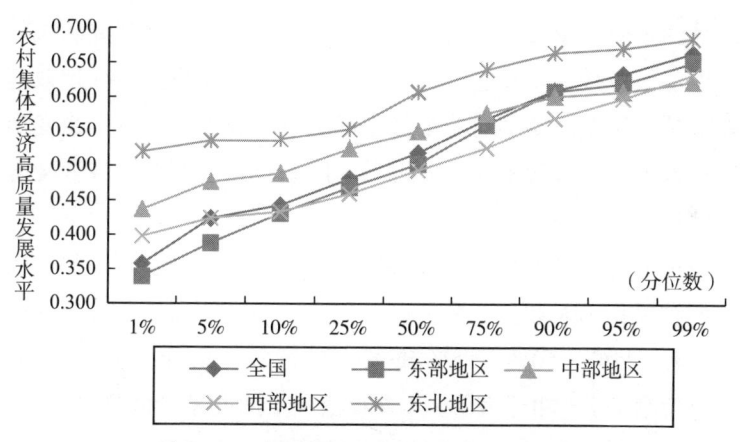

图7-3 全国及四大地区整体样本分位数

图7-3为全国整体样本、东部地区整体样本、中部地区整体样本、西部地区整体样本和东北地区整体样本按照分位数画出的折线图。对地区样本进行分析。从横向来看，随着分位数的提高，全国以及四大地区的农村集体经济高质量发展水平也相应提高。从纵向来看，东北地区的农村集体经济高质量发展整体水平较高，在所有分位数上都属于最高水

平。在75%分位数水平以及之前，东北地区和中部地区的农村集体经济高质量发展水平一直是高于全国水平的。在90%分位数水平以及之后，中部地区、东部地区和西部地区的农村集体经济高质量发展水平均低于全国平均水平。

从以上分析可以看出，不同年份的农村集体经济高质量发展水平在整体上虽然处于上升状态，但是不同年份在不同分位数水平上的农村集体经济高质量发展水平却不尽相同，如果按照均值回归方法进行分析会产生偏误，因此本书选择了分位数回归方法。

第三节　全国面板分位数模型估计结果

在面板数据模型形式的选择方法上，可以采用F检验决定使用混合模型还是固定效应模型，然后用Hausman检验确定应该建立随机效应模型还是固定效应模型。经过Hausman检验，表明本书进行固定效应模型优于随机效应模型。本书对非平稳变量采取对数方法进行平稳变换，对变量取对数不仅可以缓解异方差带来的影响，还能够在经济意义上进行更好的解释。

在面板分位数模型的回归估值结果中，本书加入混合回归和固定效应模型的结果作为对照。充分考虑参数异质性，选取最具代表性的5个分位点1%、25%、50%、75%和90%进行参数估计，表7-5是全样本面板分位数回归结果，图7-4直观描画出回归系数的趋势变化。

从表7-5中可以看出有7个变量通过了分位数回归的显著性检验，有3个变量通过了固定效应模型的显著性检验，可以认为各个变量的回归系数的显著性都较好。从图7-4全国分位数回归系数趋势图中可以看出，每一个影响因素在不同分位数水平上的系数不一样，每一个变量的分位数回归系数的趋势是不一样的。

表7-5　　　　　　　全样本的面板分位数模型估计结果

变量	混合回归	固定效应	分位数回归				
			1%	25%	50%	75%	90%
lngra	0.0609*** (-14.80)	0.0715*** (-4.75)	0.0646*** (-11.08)	0.0552*** (-8.48)	0.0621*** (-10.43)	0.0659*** (-10.62)	0.0706*** (-14.42)
af	0.0143 (-0.53)	0.086*** (-2.60)	0.0457 (-1.20)	-0.0043 (-0.10)	0.0205 (-0.53)	-0.007 (-0.17)	-0.027 (-0.84)
edu	0.0056 (-1.46)	-0.0063 (-1.07)	0.0217*** (-3.99)	0.0206*** (-3.40)	0.0051 (-0.92)	0.0015 (-0.26)	-0.0054 (-1.18)
lab	-0.0164*** (-4.79)	-0.0175*** (-3.13)	-0.0209*** (-4.29)	-0.0187*** (-3.44)	-0.0179*** (-3.60)	-0.0137*** (-2.65)	-0.0129*** (-3.17)
agr	-0.2552*** (-3.15)	-0.3352*** (-4.71)	-0.3882*** (-3.38)	-0.1221 (-0.95)	-0.1787 (-1.52)	-0.2784** (-2.28)	-0.4481*** (-4.65)
lncap	-0.0159*** (-5.47)	0.0038 (-1.37)	-0.0093** (-2.24)	-0.01** (-2.17)	-0.0152*** (-3.61)	-0.0215*** (-4.91)	-0.0251*** (-7.25)
lnrd	0.0145*** (-2.82)	0.015** (-2.25)	0.018** (-2.46)	0.0203** (-2.49)	0.0205*** (-2.75)	0.0092 (-1.18)	0.0011 (-0.18)
tec	-0.2205 (-0.75)	0.5264** -2.17	0.1809 -0.43	-0.1864 (-0.40)	-0.5309 (-1.25)	0.0158 -0.04	-0.0948 (-0.27)
lnpat	0.0002 (-0.09)	0.012*** (-3.77)	-0.0014 (-0.38)	-0.0025 (-0.59)	0.0011 (-0.29)	-0.0027 (-0.67)	0.0027 (-0.84)
lnlp	0.0463*** (-7.40)	0.0144 (-0.88)	0.0552*** (-6.22)	0.0603*** (-6.08)	0.0401*** (-4.42)	0.0364*** (-3.86)	0.0362*** (-4.85)
常数项	0.6544*** (-16.71)	0.6006*** (-9.14)	0.5015*** (-9.03)	0.5509*** (-8.88)	0.6726*** (-11.87)	0.6918*** (-11.72)	0.747*** (-16.02)

注：括号内是t统计值；*、**、***分别表示10%、5%和1%的显著性水平。省份数=30，时间跨度=15年，样本数=450。

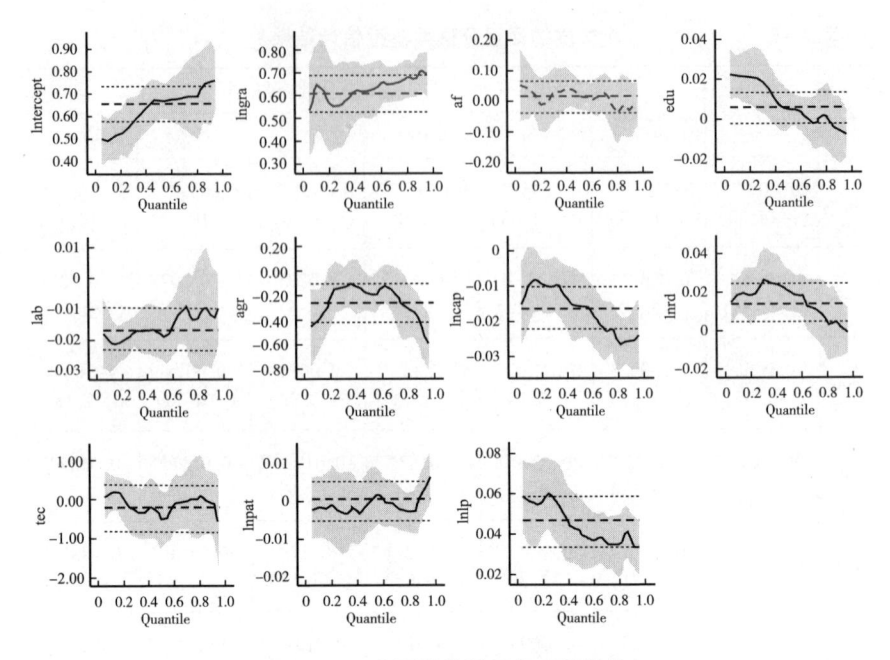

图 7-4　全国分位数回归系数趋势

1. 制度创新

变量 lngra 在所有分位数水平上都通过了 1% 水平的显著性检验，在 90% 的分位数水平上系数最大，即人均粮食产量每提高 1%，农村集体经济高质量发展水平提高 0.0706 个单位。从分位数回归系数趋势图中可以看出，从低分位点至高分位点，人均粮食产量对农村集体经济高质量发展有着持续递增的促进作用。

2. 劳动力数量

变量 af 在 1% 的分位数水平上系数最大，农林牧渔业从业人员占比每提高 1 个单位，农村集体经济高质量发展水平提高 0.0457 个单位。系数呈现正负交叉，在 25%、75% 分位数水平上，系数为负，但数值较小（分别为 -0.0043 和 -0.007），影响也较小；在 1% 和 50% 分位数水平上，系数为正时，数值较大（分别为 0.0457 和 0.0205），影响也较大。可以看出在农村集体经济高质量发展的前期阶段（1% 分位数）和中期阶段（50%分位数），劳动力数量的提高对农村集体经济高质量发展水平具有正向影响，在后期阶段（90%分位数），劳动力数量的增加可能会带来农村集体经济高质量发展水平的下降，这可能是因为在农村集体经济发展成熟阶段，劳动力数量并不是最主要的影响因素，科技创新、技术进步以及劳动力质量会成为主要影响因素。从分位数回归系数趋势图中可以看出，从低分位点至高分位点，农林牧渔业从业人员占比对农村集体经济高质量发展的作用整体来看是波动的，处于轻微下降趋势。

3. 劳动力质量

变量 edu 在 1% 和 25% 的分位数上通过了 1% 的显著性水平检验，而且系数较大（分别是 0.0217 和 0.0206），即农村劳动力受教育年限每增加 1 年，农村集体经济高质量发展水平提高 0.0217（或 0.0206）。在 50% 和 75% 的分位数水平上，系数较小（分别是 0.0051 和 0.0015），影响程度也较弱。在 90% 的分位数上，系数为负，但是数值较小，因此负向影响也较小。可以看出受教育年限对农村集体经济高质量发展具有重要影响。以上分析也可以从分位数回归系数趋势图中看出，在低分位数处，劳动力受教年限对农村集体经济高质量发展水平具有强烈的促进作用，随着分位点的提升，该作用逐渐变成负向作用，具有适度受教育年限的劳动力才是农村集体经济高质量发展的主力军。

4. 劳动力效率

变量 lab 在所有分位数水平上都通过了 1% 水平的显著性检验，但是所有检验的结果系数都为负，劳动生产率是农林牧渔业总产值与农林牧渔业从业人员之比。这也对应了前面的结论，即在农村集体经济高质量发展的中期或者是后期成熟阶段，农林牧渔业从业人员并不是越多越好的，即劳动力数量并不是越多越好的。从分位数回归系数趋势图中可以看出，从低分位点至高分位点，劳动生产率对农村集体经济高质量发展有着持续递增的促进作用。

5. 资金投入

变量 agr 在 1%、75% 和 90% 的分位数上通过了显著性检验，但是系数均为负，可能的解释是农村集体经济高质量发展过程中，国家投入的资金发挥的作用越来越小，很可能与资金相关的基础设施建设等已经发展完善，此时再增加资金投入并不能够带满意的结果，而是需要制度创新或者是科技创新来提高农村集体经济组织的治理能力，促进农村集体经济在创新、协调、绿色、开放和共享方面的发展。从分位数回归系数趋势图中可以看出，从低分位点至高分位点，农业财政支出力度对农村集体经济高质量发展的作用先升后降，在中间部位的分位点处具有促进作用，在低分位点和高分位点处具有阻碍作用，整体来看呈倒 U 形趋势。

6. 资本效率

变量 lncap 在所有分位数水平上都通过了 1% 水平的显著性检验，在所有分位数水平上系数均为负，在固定效应模型下系数为正。从分位数回归系数趋势图中可以看出，从低分位点至高分位点，资本生产率对农村集体经济高质量发展的作用也是先升后降的，转折点大约在 50% 分位数上。

7. 科技创新

变量 lnrd 在 1%、25% 和 50% 的分位数水平上通过了显著性检验，在 50% 的分位数水平上系数最大，R&D 经费投入强度每提高 1%，农村集体经济高质量发展水平提高 0.0205 个单位。从分位数回归系数趋势图中可以看出，从低分位点至高分位点，R&D 经费投入强度对农村集体经济高质量发展上作用也是先正后负的，大约以 60% 分位数为转折。

8. 科技投入

变量 tec 在固定效应模型下通过了显著性检验。在 1% 分位数水平上系数最大，而且为正，科技投入力度每提高 1 个单位，农村集体经济高质量发展水平提高 0.1809 个单位。从分位数回归系数趋势图中可以看出，整体作用是波动的，从低分位点到中分位点的作用是由正到负整体下降，从中分位点到高分位点的作用是由负到正整体上升。

9. 技术进步

变量 lnpat 在固定效应模型下通过了显著性检验。在 90% 分位数水平上系数最大，而且为正，人均专利占有量每提高1%，农村集体经济高质量发展水平提高0.0027个单位。与其他变量相比，人均专利占有量的系数有正有负，影响程度均较小。从分位数回归系数趋势图中可以看出，在50%分位数之前，作用是负向的，而且呈平稳趋势。在50%分位点之后，作用是由正到负再到正，总体来看呈现V字形上升趋势。

10. 土地效率

变量lnlp在所有分位数水平上都通过了1%水平的显著性检验，在每一个分位数水平上，系数都比其他变量大，在25%的分位数水平上，土地生产率每提高1%，农村集体经济高质量发展水平提高0.0603个单位。从分位数回归系数趋势图中可以看出，在40%分位点之前，作用是正向且下降趋势，在40%分位点之后是负向作用且呈下降趋势，整体来看是下降趋势的。

第四节 地区面板分位数模型估计结果

一、东部地区面板分位数模型估计结果

将中国30个省份分为四大区域，东部地区包括北京、天津、河北、上海、江苏、浙江、福建、山东、广东、海南。表7-6表示了东部地区面板分位数回归模型的估计结果，图7-5显示了东部地区分位数回归系数的趋势图。

从表7-6中可以看出，除了农村人力资本水平edu这个变量，其余9个变量都通过了分位数回归的显著性水平检验。从图7-5东部地区分位数回归系数趋势图中可以看出，每一个影响因素在不同分位数水平上的系数不一样，同时东部地区的分位数回归系数趋势也与全国分位数回归系数的趋势不一样。与全国分位数回归系数趋势相比较，东部地区第1个和第10个解释变量的系数趋势图走向与全国系数趋势图相似

度较高，第2个、第5个和第8个解释变量的波动与全国趋势图波动走向大致相同，第3个、第4个、第6个、第7个和第9个解释变量系数趋势图与全国系数趋势图是相反的。

表7-6　　　　　　　　东部地区面板分位数模型估计结果

变量	混合回归	固定效应	分位数回归				
			1%	25%	50%	75%	90%
lngra	0.0554*** (-5.66)	0.1024*** (-3.44)	0.0287* (-1.66)	0.054*** (-5.03)	0.0616*** (-4.35)	0.0607*** (-5.33)	0.083*** (-6.34)
af	-0.0447 (-0.92)	0.072 -1.27	-0.0669 (-0.78)	0.0347 -0.65	-0.0533 (-0.76)	-0.1072* (-1.90)	-0.0297 (-0.46)
edu	0.0042 (-0.61)	-0.0142 (-1.47)	-0.0075 (-0.61)	-0.003 (-0.40)	0.0049 (-0.49)	0.0061 (-0.76)	-0.0021 (-0.23)
lab	-0.0203*** (-5.25)	-0.0211** (-2.61)	-0.0136** (-2.00)	-0.0156*** (-3.68)	-0.0225*** (-4.02)	-0.0255*** (-5.68)	-0.03*** (-5.81)
agr	0.0955 (-0.82)	-0.5463*** (-3.63)	0.1446 (-0.70)	0.0697 (-0.55)	0.1802 (-1.07)	0.3246** (-2.40)	-0.0087 (-0.06)
lncap	-0.0144*** (-4.36)	0.0168*** -3.8	-0.0219*** (-3.75)	-0.016*** (-4.43)	-0.0099** (-2.07)	-0.0112*** (-2.91)	-0.0098** (-2.22)
lnrd	0.0508*** (-5.23)	0.0199 (-1.16)	0.026 (-1.51)	0.0402*** (-3.77)	0.061*** (-4.33)	0.0744*** (-6.57)	0.0784*** (-6.03)
tec	-0.7309* (-1.94)	0.1868 -0.5	-0.9509 (-1.43)	-0.8544** (-2.07)	-0.7811 (-1.43)	-0.466 (-1.06)	-0.6502 (-1.29)
lnpat	-0.0093** (-2.33)	0.0222*** -3.24	0.0038 -0.54	-0.0017 (-0.40)	-0.0135** (-2.33)	-0.021*** (-4.52)	-0.0157*** (-2.94)
lnlp	0.0587*** (-3.90)	0.0131 (-0.44)	0.0971*** (-3.66)	0.0668*** (-4.05)	0.0568*** (-2.61)	0.0424** (-2.42)	0.0145 (-0.72)
常数项	0.882*** (-12.62)	0.632*** (-5.42)	0.8676*** (-7.03)	0.8344*** (-10.89)	0.921*** (-9.10)	0.9969*** (-12.25)	1.0466*** (-11.20)

注：括号内是t统计值；*、**、***分别表示10%、5%和1%的显著性水平。省份数=10，时间跨度=15年，样本数=150。

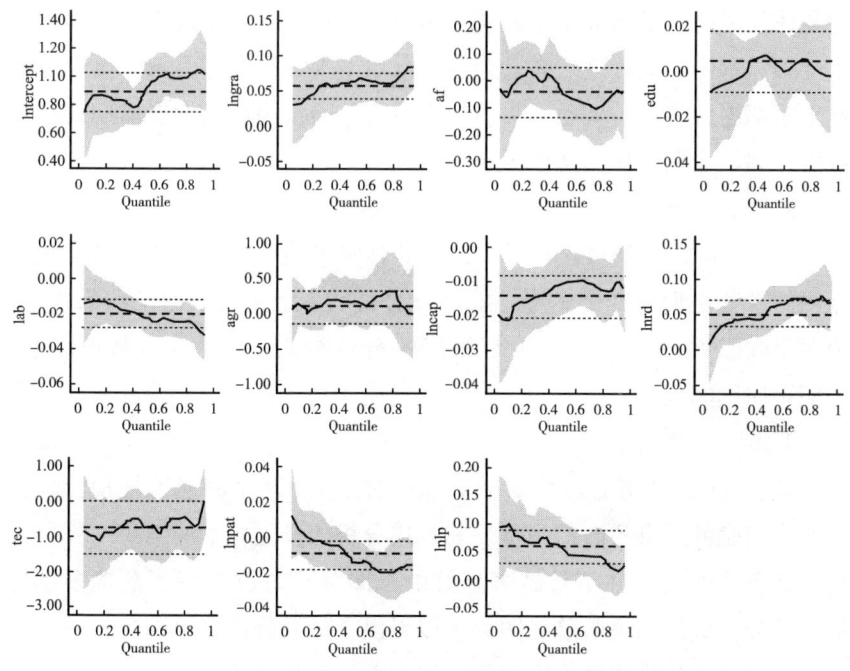

图7-5　东部地区分位数回归系数趋势

1. 制度创新

变量 lngra 在所有分位数水平上都通过了 1% 水平的显著性检验，在 90% 的分位数水平上系数最大，即人均粮食产量每提高 1%，农村集体经济高质量发展水平提高 0.083 个单位。从分位数回归系数趋势图中可以看出，从低分位点至高分位点，人均粮食产量对农村集体经济高质量发展有着持续递增的促进作用。制度创新变量、第 5 个变量资金投入和第 7 个变量科技创新变量是对东部地区农村集体经济高质量发展影响最大的三个变量，这三个变量不仅在时间趋势上都是递增的，而且在高分位数点的系数都较大，说明这三个变量对农村集体经济高质量发展影响也是最大的。

2. 劳动力数量

变量 af 的系数在不同分位数点上是有正有负的。在 25% 的分位数水平上系数为正且最大，农林牧渔业从业人员占比每提高 1 个单位，农村集体经济高质量发展水平提高 0.0347 个单位，该系数的影响程度小于全国样本的影响程度。在其余分位数水平上，系数均为负。可以看出对于东部地区来说，劳动力数量在农村集体经济高质量发展前期的作用较大，到了后期，作用逐渐减小。

3. 劳动力质量

变量 edu 没有通过统计学上的显著性水平检验。农村劳动力受教育年限的系数是负正负交替的，在 25% 分位数系数为负，但是数值较小，说明负向影响也较小。在 50% 和 75% 分位数上系数为正，数值较小，说明正向影响也较小。

4. 劳动力效率

变量 lab 在所有分位数水平上都通过了 1% 水平的显著性检验，但是所有检验的结果系数都为负，与上述分析的全国样本的结果一样。农林牧渔业从业人员并不是越多越好的，即劳动力数量并不是越多越好的。从分位数回归系数趋势图中可以看出，从低分位点至高分位点，劳动生产率对农村集体经济高质量发展有着持续递减的作用。

5. 资金投入

变量 agr 在 75% 分位数上通过了显著性检验。资金投入变量在东部地区的作用效果与上述对全国样本分析的作用效果完全相反。在 75% 分位数水平之前，国家投入资金系数都是为正的。在 50% 和 75% 分位数水平上，系数最大，分别为 0.182 和 0.3246。说明国家财政资金投入一个单位，东部地区农村集体经济高质量发展水平分别会增加 0.1802 各单位和 0.3246 个单位。说明国家财政资金投入对东部地区的影响仍然较大，东部地区农村集体经济高质量发展的空间较大，东部地区不仅需要制度创新以及科技创新来促进农村集体经济高质量发展，而且财政资金的投入也尤为重要。

6. 资本效率

变量 lncap 在所有分位数水平上都通过了 1% 水平的显著性检验，在所有分位数水平上系数均为负，在固定效应模型下系数为正。从分位数回归系数趋势图中可以看出，从低分位点至高分位点，资本生产率对农村集体经济高质量发展的作用也是先升后降的，转折点大约在50%分位数上。

7. 科技创新

变量 lnrd 通过了分位数显著性检验，在所有分位数水平上，系数为正，而且系数较大，影响程度较大。在90%的分位数水平上系数最大，R&D 经费投入强度每提高1%，农村集体经济高质量发展水平提高0.0784个单位。

8. 科技投入

变量 tec 通过了分位数显著性检验。科技投入变量系数的正负显示与全国样本不同。该变量全国样本的系数正负交替，而东部地区的系数则均为负，而且系数值较大。

9. 技术进步

变量 lnpat 通过了分位数显著性检验。该变量只有在1%分位数水平上系数为正，在其余分位数水平上，系数均为负，系数正负与全国样本的结果也不同。

10. 土地效率

变量 lnlp 通过了分位数显著性检验。在每一个分位数水平上，系数均为正，在1%的水平上系数为最大。从图上来看，整体是下降趋势的。

总结来看，对于东部地区来说，制度创新、资金投入、科技创新这三个变量对东部地区农村集体经济高质量发展的影响是最大的。发展较快的地区主要集中在东部省份，如北京、浙江、江苏、广东、上海等。中国东部地区经济发展水平相对较高，农村集体经济发展形势呈现多元化，且有充足的集体资产。因此东部地区经济基础较为稳固，地理位置也具有优势，在发展状况良好的情况下，制度创新科技创新便成为主要的驱动力量。

二、中部地区面板分位数模型估计结果

中部地区包括山西、安徽、江西、河南、湖北、湖南。表 7-7 是

中部地区样本的回归结果,图7-6是中部地区分位数回归系数的趋势图。

表7-7 中部地区面板分位数模型估计结果

变量	混合回归	固定效应	分位数回归				
			1%	25%	50%	75%	90%
lngra	0.1576*** (6.55)	0.272*** (3.92)	0.2114*** (5.92)	0.189*** (4.55)	0.1616*** (5.36)	0.1622*** (4.96)	0.1481*** (5.43)
af	0.2876*** (4.74)	0.2518*** (2.79)	0.4941*** (5.48)	0.3986*** (3.80)	0.2898*** (3.81)	0.3086*** (3.74)	0.3021*** (4.39)
edu	0.0249** (2.39)	0.0131 (1.14)	0.0218 (1.41)	0.0278 (1.55)	0.021 (1.61)	0.0222 (1.57)	0.0249** (2.11)
lab	0.0826*** (3.04)	-0.0345 (-0.36)	0.0901** (2.23)	0.0423 (0.90)	0.0972*** (2.85)	0.0931** (2.52)	0.0967*** (3.14)
agr	-0.5547*** (-3.10)	-0.1839 (-1.16)	-0.3119 (-1.17)	-0.1307 (-0.42)	-0.57* (-2.54)	-0.8182*** (-3.36)	-0.2779 (-1.37)
lncap	-0.0172** (-2.42)	-0.0188*** (-3.14)	-0.0137 (-1.29)	-0.0078 (-0.63)	-0.0163* (-1.83)	-0.0218** (-2.25)	-0.0277*** (-3.44)
lnrd	-0.0329* (-1.82)	-0.0085 (-0.47)	-0.087*** (-3.24)	-0.0467 (-1.50)	-0.0433* (-1.91)	-0.0203 (-0.83)	-0.0312 (-1.52)
tec	-0.3608 (-0.78)	-0.0106 (-0.03)	1.1007 (1.61)	0.7421 (0.93)	-0.2531 (-0.44)	-0.5631 (-0.90)	-0.5562 (-1.06)
lnpat	-0.0126* (-1.75)	-0.0124** (-2.05)	-0.0166 (-1.55)	-0.02 (-1.93)	-0.0102 (-1.13)	-0.0162 (-1.65)	-0.0208** (-2.55)
lnlp	0.0015 (0.10)	-0.251*** (-3.85)	-0.031 (-1.39)	0.0064 (0.25)	-0.0015 (-0.08)	0.0058 (0.29)	-0.0022 (-0.13)
常数项	0.0057 (0.04)	-0.0232 (-0.15)	-0.4572** (-2.40)	-0.1831 (-0.83)	-0.0359 (-0.22)	0.1187 (0.68)	0.0238 (0.16)

注:括号内的是t统计值;*、**、***分别表示10%、5%和1%的显著性水平。省份数=6,时间跨度=15年,样本数=90。

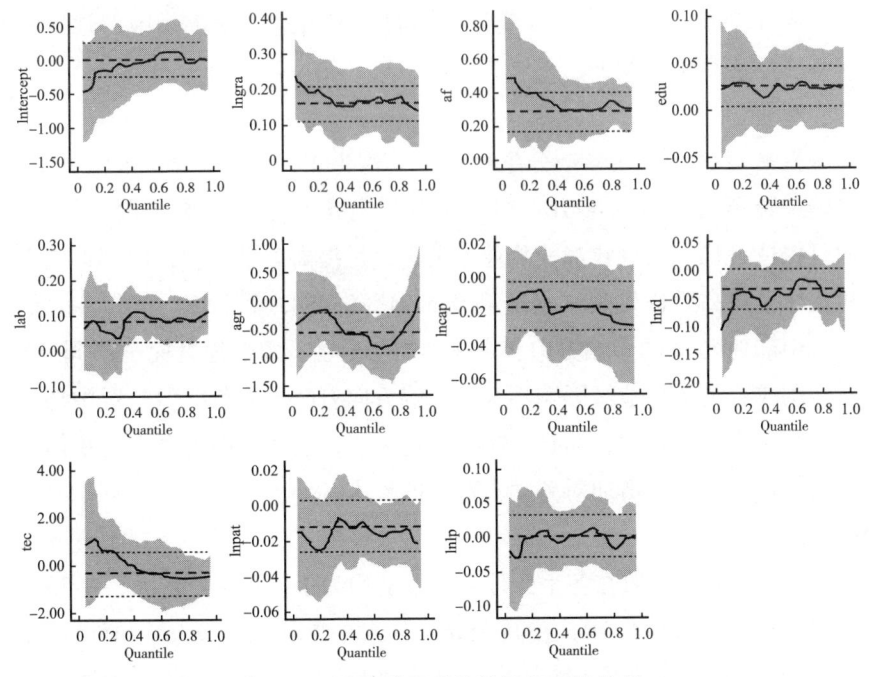

图 7-6　中部地区分位数回归系数趋势

从表 7-7 中可以看出，除了科技投入力度 tec 这个变量，其余 9 个变量都通过了分位数回归的显著性检验，可以认为多数变量的回归系数的显著性都较好。从图 7-6 中部地区分位数回归系数趋势图中可以看出，每一个影响因素在不同分位数水平上的系数不一样，同时中部地区的分位数回归系数趋势与全国和东部地区分位数回归系数的趋势不一样。与全国分位数回归系数趋势相比较，中部地区第 4 个和第 6 个解释变量的系数趋势图走向与全国相似度较高，第 2 个、第 8 个和第 9 个解释变量的波动与全国大致相同，第 1 个、第 3 个、第 5 个、第 7 个和第 10 个解释变量系数趋势图与全国是相反的。

1. 制度创新

变量 lngra 的系数在各个分位数水平上均为正，在 1% 分位数水平上，影响系数最大，在 25%~90% 分位数之间系数波动较小，制度创新每提高 1%，中部地区农村集体经济高质量发展水平会提高 0.1481~

0.2114个单位,在所有解释变量中,制度创新这一变量对中部地区农村集体经济高质量发展水平影响为第二高(第一高变量为af)。

2. 劳动力数量

变量af的系数在各个分位数水平上均为正,在1%分位数水平上,影响系数最大,为0.4941。在其余分位数水平上,影响系数也较大,而且保持平稳。农林牧渔业从业人员占比每提高1个单位,中部地区农村集体经济高质量发展水平提高0.3021~0.4941个单位。值得注意的是,中部地区af的影响方向和影响程度与全国、东部地区完全不同,af对全国或者是东部地区影响不大,影响方向有时也为负。但是对中部地区的影响程度非常大,而且影响方向均为正,说明中部地区农村集体经济高质量发展亟须增加对劳动力数量的投入。

3. 劳动力质量

变量edu的系数在各个分位数水平上均为正,且系数较大,在25%分位数水平上为0.0278,在其余分位数水平上均大于0.02。值得注意的是,edu对东部地区影响较小,但是对中部地区影响较大。说明中部地区的农村集体经济内部农民受教育程度不高,农民受教育程度每提高一年,中部地区农村集体经济高质量发展水平会提高0.0218~0.0278个单位。

4. 劳动力效率

变量lab的系数在各个分位数水平上均为正,且系数较大,在50%分位数水平上为0.0972,劳动生产率每提高1个单位,中部地区农村集体经济高质量发展水平提高0.0972个单位。综上可见,劳动力效率变量、劳动力数量变量、劳动力质量变量以及制度创新变量是对中部地区农村集体经济高质量发展影响最大的四个变量。说明在影响中部地区农村集体经济高质量发展的过程中,与劳动力相关的投入是最为重要的。

5. 资金投入

变量agr系数的影响方向为负。农业财政支出力度每提高1个单位,中部地区农村集体经济高质量发展水平降低0.1307个单位(25%分位数水平上)。

6. 资本效率

变量 lncap 系数的影响方向为负。资本生产率每提高1%，中部地区农村集体经济高质量发展水平降低0.0078个单位（25%分位数水平上）。

7. 科技创新

变量 lnrd 系数的影响方向为负。R&D经费投入强度每提高1%，农村集体经济高质量发展水平提高0.0203个单位（75%分位数水平上）。

8. 科技投入

变量 tec 在25%分位数水平上，科技投入力度每提高1个单位，中部地区农村集体经济高质量发展水平提高0.7421个单位。

9. 技术进步

变量 lnpat 的影响方向为负。技术进步每提高1%，农村集体经济高质量发展水平下降0.0102（50%分位数水平上）。

10. 土地效率

变量 lnlp 对中部地区农村集体经济高质量发展影响较小。土地生产率每提高1%，农村集体经济高质量发展水平提高0.0058个单位（75%分位数水平上）。

总结来看，制度创新、劳动力质量、劳动力数量、劳动力效率这四个变量对中部地区农村集体经济高质量发展的影响是最大的。中部地区农村集体经济发展速度慢、总资产量小。对于总资产量较小的中部地区来说，中部地区所处的地理位置也不如东部地区，此时增加科技投入、科技创新等对提高农村集体经济高质量发展所起到的效果较小。而此时把主要投入集中在劳动力方面起的作用较大，如增加劳动力的数量，提高劳动力受教育年限以及提高劳动力的生产效率。

三、西部地区面板分位数模型估计结果

西部地区包括内蒙古、广西、重庆、四川、贵州、云南、西藏、陕西、甘肃、青海、宁夏、新疆。表7-8是西部地区样本的回归结果，

图7-7是西部地区分位数回归系数的趋势图。

表7-8 西部地区面板分位数模型估计结果

变量	混合回归	固定效应	分位数回归				
			1%	25%	50%	75%	90%
lngra	0.0262** (2.15)	0.0079 (0.22)	0.0058 (0.45)	-0.0116 (-0.77)	0.0117 (0.62)	0.0319** (2.09)	0.0388*** (3.16)
af	0.154** (2.51)	0.0076 (0.13)	0.126* (1.91)	0.1743** (2.31)	0.17* (1.80)	0.1927** (2.51)	0.1211* (1.96)
edu	0.0117 (1.34)	-0.007 (-0.68)	0.0009 (0.10)	-0.0026 (-0.24)	0.0184 (1.38)	0.0026 (0.24)	0.0024 (0.27)
lab	-0.0001 (0.00)	-0.0084 (-0.35)	0.0067 (0.29)	0.0316 (1.18)	0.0015 (0.05)	0.0554** (2.04)	0.0588*** (2.69)
agr	-0.337* (-1.96)	-0.2203* (-1.94)	-0.1291 (-0.70)	0.0892 (0.42)	-0.1573 (-0.60)	-0.4686** (-2.18)	-0.3792** (-2.20)
lncap	-0.0264*** (-3.15)	-0.0019 (-0.31)	-0.0052 (-0.58)	-0.0095 (-0.92)	-0.018 (-1.40)	-0.0218** (-2.08)	-0.0244*** (-2.89)
lnrd	0.0049 (0.46)	0.0152 (1.39)	-0.0126 (-1.10)	0.005 (0.38)	0.0232 (1.42)	0.0256* (1.92)	0.0212** (1.98)
tec	-1.7077 (-1.47)	2.3178*** (3.16)	0.2317 (0.19)	0.8817 (0.62)	-2.3247 (-1.30)	-0.5944 (-0.41)	1.2583 (1.07)
lnpat	-0.0039 (-0.68)	0.017*** (3.33)	0.0101 (1.63)	0.0058 (0.81)	-0.0043 (-0.48)	-0.0032 (-0.45)	-0.0021 (-0.37)
lnlp	0.0374* (1.94)	0.0334 (0.87)	0.0542** (2.61)	0.0502** (2.11)	0.0288 (0.97)	-0.0188 (-0.78)	-0.0351* (-1.81)
常数项	0.5305*** (7.31)	0.6649*** (4.94)	0.42*** (5.39)	0.4764*** (5.34)	0.5254*** (4.72)	0.5558*** (6.12)	0.5255*** (7.20)

注：括号内的是 t 统计值；*、**、*** 分别表示10%、5%和1%的显著性水平。省份数=11，时间跨度=15年，样本数=165。

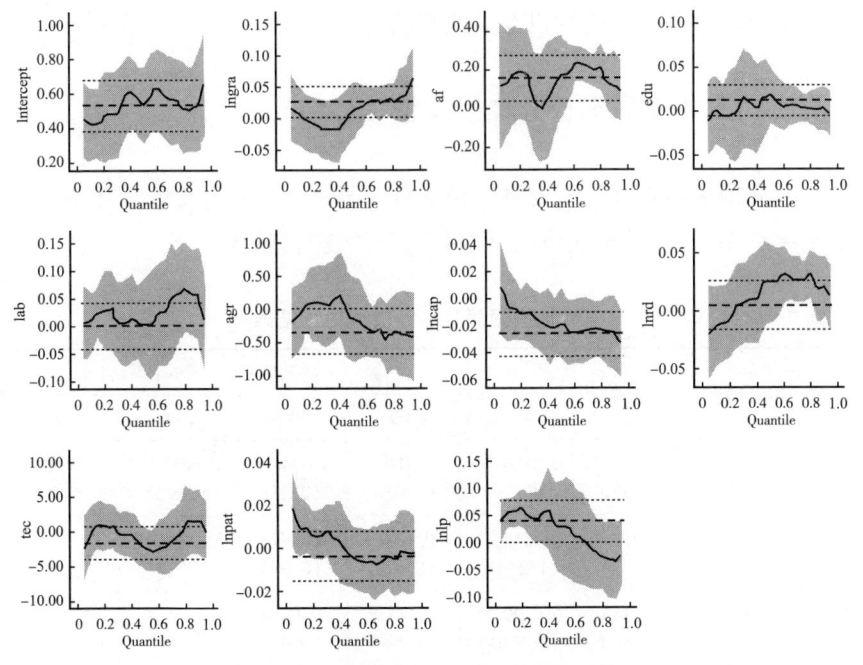

图 7-7　西部地区分位数回归系数趋势

从表 7-8 中可以看出，除了农村人力资本水平 edu 这个变量，其余 9 个变量都通过了分位数回归的显著性检验，可以认为多数变量的回归系数的显著性都较好。从图 7-7 西部地区分位数回归系数趋势图中可以看出，每一个影响因素在不同分位数水平上的系数不一样，同时西部地区的分位数回归系数趋势也与全国、东部、中部分位数回归系数趋势不一样。与全国分位数回归系数趋势相比，西部地区第 1 个、第 2 个、第 4 个、第 6 个和第 10 个解释变量的系数趋势图走向与全国系数趋势图相似度较高，第 5 个和第 8 个解释变量的波动与全国趋势图波动走向大致相同，第 3 个、第 7 个和第 9 个解释变量系数趋势图与全国系数趋势图是相反的。

整体来看，对经济基础较差以及地理位置具有劣势的西部地区来说，制度创新、劳动力数量、劳动力效率、资金投入以及科技投入这五个变量对西部地区农村集体经济高质量发展的影响是最大的，应该在以上五个方面加大投入力度以及关注程度。

四、东北地区面板分位数模型估计结果

东北地区包括辽宁、吉林、黑龙江。表7-9是东北地区样本的回归结果，图7-8是东北地区分位数回归系数的趋势图。

表7-9　　　　东北地区面板分位数模型估计结果

变量	混合回归	固定效应	分位数回归					
			1%	25%	50%	75%	90%
lngra	0.0554** (2.40)	0.0777** (2.42)	0.0103*** (99.79)	0.047 (1.63)	0.0748** (2.36)	0.0657*** (2.92)	0.0403*** (4.46)
af	0.2614* (2.00)	0.3219** (2.38)	0.1015*** (173.97)	0.1347 (0.82)	0.1775 (0.99)	0.2712** (2.13)	0.0705 (1.38)
edu	0.0076 (0.36)	0.0115 (0.54)	0.0429*** (457.04)	0.0414 (1.58)	0.0263 (0.91)	0.0111 (0.54)	-0.0153* (-1.86)
lab	-0.1083*** (-3.95)	-0.1184*** (-3.01)	-0.1583*** (-1289.79)	-0.1168*** (-3.40)	-0.0856** (-2.27)	-0.0924*** (-3.45)	-0.1747*** (-16.27)
agr	0.1669 (0.96)	0.1839 (1.08)	0.3066*** (395.73)	0.2507 (1.16)	-0.0099 (-0.04)	0.14 (0.83)	-0.2852*** (-4.21)
lncap	0.0157 (1.61)	0.0081 (0.78)	0.0096*** (220.41)	0.0094 (0.77)	0.0209 (1.56)	0.0254** (2.67)	0.0186*** (4.87)
lnrd	-0.0257 (-1.25)	-0.0466* (-2.02)	-0.046*** (-499.90)	-0.0415 (-1.61)	-0.027 (-0.96)	-0.0149 (-0.74)	-0.0309*** (-3.84)
tec	3.3692*** (2.77)	1.9873 (1.42)	4.0867*** (750.62)	4.9786*** (3.26)	2.6452 (1.58)	2.2381* (1.89)	2.6154*** (5.49)
lnpat	-0.0081 (-0.92)	-0.0257* (-2.02)	-0.0113*** (-287.60)	-0.0118 (-1.08)	-0.0075 (-0.62)	-0.0093 (-1.08)	0.0126*** (3.67)
lnlp	0.047* (2.03)	0.0531* (1.72)	0.0962*** (911.47)	0.074** (2.51)	0.0384 (1.19)	0.0532** (2.32)	0.0963*** (10.44)
常数项	0.4059* (1.79)	0.3092 (1.34)	0.3079*** (304.33)	0.1599 (0.56)	0.2229 (0.72)	0.394 (1.79)	0.8789*** (9.93)

注：括号内的是t统计值；*、**、***分别表示10%、5%和1%的显著性水平。省份数=3，时间跨度=15年，样本数=45。

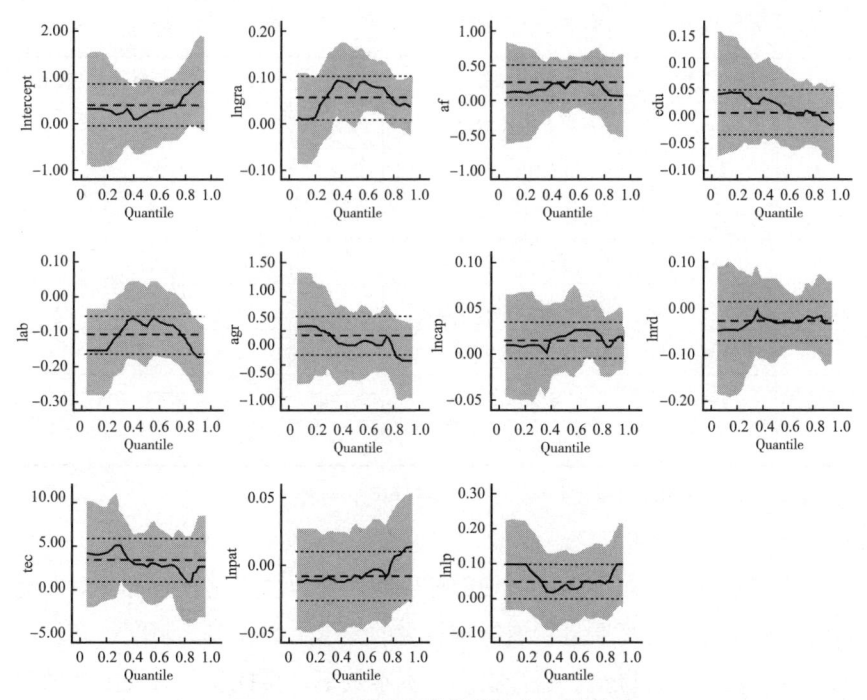

图 7-8　东北地区分位数回归系数趋势

从表 7-9 中可以看出，东北地区所有变量都通过了分位数回归的显著性检验，可以认为所有变量的回归系数的显著性都较好。与全国分位数回归系数趋势相比较，东北地区第 3 个和第 9 个解释变量的系数趋势图走向与全国系数趋势图相似度较高，第 2 个和第 8 个解释变量的波动与全国趋势图波动走向大致相同，第 1 个、第 4 个、第 5 个、第 6 个、第 7 个和第 10 个解释变量系数趋势图与全国系数趋势图是相反的。将四大地区的回归系数与全国比较归纳总结为表 7-10。

表 7-10　四大地区分位数回归系数趋势与全国的比较

序号	变量名称	影响因素	东部	中部	西部	东北
1	gra	人均粮食产量	√	×	√	×
2	af	农林牧渔业从业人员占比	○	○	√	○

续表

序号	变量名称	影响因素	东部	中部	西部	东北
3	edu	农村人力资本水平	×	×	×	√
4	lab	劳动生产率	×	√	√	×
5	agr	农业财政支出力度	○	×	○	×
6	cap	资本生产率	×	√	√	×
7	rd	R&D经费投入强度	×	×	×	×
8	tec	科技投入力度	○	○	○	○
9	pat	人均专利占有量	×	○	×	√
10	lp	土地生产率	√	×	√	×

注：√表示与全国相比高度相似，○表示大致相同，×表示相反。

总结来看，与东部地区、中部地区和西部地区相比较而言，对东北地区农村集体经济高质量发展影响较大的变量个数较多，制度创新、劳动力数量、劳动力质量、资金投入、资本效率、科技投入以及土地效率这7个解释变量对东北地区农村集体经济高质量发展影响较大，可见东北地区农村集体经济虽然基础较好，但是仍需在较多方面投入较大的努力。

第八章

研究结论及对策建议

第一节 研究结论

一、中国农村集体经济高质量发展具有独特逻辑体系

农村集体经济是一个隶属于农村经济大系统中的一个子系统,这个子系统中既包含着影响农村集体经济高质量发展的三大因素,又包含着这三大影响因素之间的作用机制,如图 8-1 所示。

三大影响因素分别是:制度(规则)、技术(生产函数)和资源(生产要素)。这三大影响因素之间的作用机制是:第一,制度施加在生产要素(资源)上可以使得要素产权明晰(A)。第二,生产要素(资源)通过市场化配置可以促进新制度产生(B)。第三,生产要素经过规模化和现代化发展后(C+D),会通过科技创新和技术进步来弥补规模化面临的瓶颈。第四,科技创新和技术进步施加到生产要素上,能再一次促进生产要素在新的技术条件下进行规模化和现代化发展(C+D)。第五,制度的内核——产权能够促进了新技术的产生(A),与新技术有关的专利等受到知识产权的保护。第六,技术推广、应用和成果

转化过程是技术施加在生产要素进行要素市场化的过程（B），技术通过市场化发展弥补了制度领域的空白，进一步促进相应领域的产权明晰。

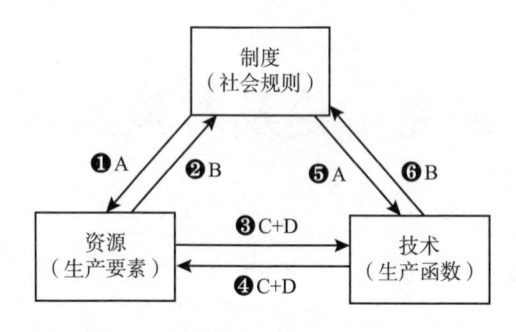

A 产权明晰　B 要素市场化　C 适度规模化　D 现代化

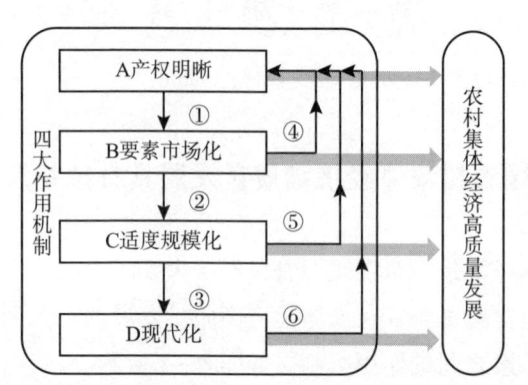

图8-1　中国农村集体经济高质量发展完整逻辑体系

产权明晰、要素市场化、适度规模化、现代化四大作用机制之间又具有单向作用和多向联动作用。单向作用是：产权明晰（A）是农村集体经济高质量发展的制度保障、要素市场化（B）是促进农村集体经济高质量发展的外部动力、适度规模化（C）是农村集体经济高质量发展的必经之路、现代化（D）是农村集体经济高质量发展的高级需求，产权明晰、要素市场化、适度规模化、现代化均在单方向上促进农村集体经济高质量发展。多向联动作用是：产权明晰能够促进农村集体经济要素市场化程度的提高（①），要素市场化程度的提高促进了经营的适度规模化发展（②），适度规模化必须加以技术进步及科技创新实现农村集体经济的现代化发展（③），随着要素市场化程度提高、经营规模程度适度性提高、现代化发展程度提高，会再一次要求产权细分、重组、让渡和量化（④⑤⑥），构成了"三圈式"逻辑循环体系。

二、中国农村集体经济高质量发展整体上稳中有进

本书选取了与产权、市场化、规模化和现代化高度相关的 31 个指标构成了中国农村集体经济高质量发展指标体系，通过使用 MATLAB 软件、采取更适用于面板数据的纵横向拉开档次法计算了各个指标的权重水平，使用综合评价法计算了中国农村集体经济高质量发展整体水平、四大区域水平和分项水平。

1. 农村集体经济高质量发展整体水平

中国农村集体经济高质量发展水平在整体上是波动上升，稳中有进的。从区域的角度来看，农村集体经济高质量发展水平不平衡现象突出，东北地区和中部地区均值较高，东部地区和西部地区均值稍低于全国水平。虽然地区均值在整体上有直观表现，但是即使在一个地区内部，农村集体经济高质量发展水平在省份之间的差别也较大。2004 年到 2018 年，中国 30 个省份中，农村集体经济高质量发展高水平和中高水平的省份数量增加，中低水平和低水平省份的数量减少。

2. 农村集体经济高质量发展分项水平

从全国整体角度来看，每一个分项水平的时间趋势都不同。从区域的角度来看，产权水平方面东北地区最高，中部地区与全国水平大致相同，东部地区产权水平最低。区域间市场化水平也呈现出不平衡现象的原因，一是劳动要素市场化程度不同，二是农业综合开发投入力度存在差距，三是农村城市化水平存在差距。规模化发展水平方面，东北地区之所以规模化水平最高，主要原因在于其人均耕地面积、粮食作物播种比例、机械化服务程度较高。在现代化水平方面，东部地区、中部地区

和西部地区整体上升，而东北地区虽然原始数值较高，但是经过15年的发展，在2007年、2009年、2014年和2017年下降幅度较大，整体波动幅度较大，平均增速不如其他三个地区以及全国。

三、中国农村集体经济高质量发展影响因素区域特色鲜明

本书选取了影响农村集体经济高质量发展的十大因素，分别是代表制度创新的人均粮食产量、代表劳动力数量的农林牧渔业从业人员占比、代表劳动力质量的农村人力资本水平、代表劳动力效率的劳动生产率、代表资金投入的农业财政支出力度、代表资本效率的资本生产率、代表科技创新的R&D经费投入强度、代表科技投入的科技投入力度、代表技术进步的人均专利占有量、代表土地效率的土地生产率。通过使用Stata软件、构建面板分位数回归模型，考察各个影响因素对中国农村集体经济高质量发展水平的影响方向和影响程度。

1. 从全国角度分析

首先，对被解释变量中国农村集体经济高质量发展水平进行分析，中国农村集体经济高质量发展水平在整体上处于上升状态，但是不同年份、不同分位数水平上中国农村集体经济高质量发展水平呈现出不同状态。其次，通过面板分位数回归模型考察每个解释变量对中国农村集体经济高质量发展水平的影响程度。制度创新对中国农村集体经济高质量发展整体水平有着持续递增的促进作用。在农村集体经济高质量发展的前期阶段，劳动力数量具有正向影响；在发展的中期阶段或者是后期成熟阶段，农林牧渔业从业人员并不是越多越好的，劳动力数量的增加可能会带来农村集体经济高质量发展水平的下降，这可能是因为随着农村集体经济高质量发展的成熟，科技创新、技术进步以及劳动力质量等影响因素取代了劳动力数量成为主要影响因素。受教育年限对农村集体经济高质量发展具有相当重要的影响。农村集体经济高质量发展过程中，国家投入的资金发挥的作用越来越小，与资金投入相关的基础设施建设、医疗卫生公共物品的建设和发展已经趋于完善，此时再增加资金投

入并不能够获得合意的效果，此时反而更需要制度创新或科技创新来提高农村集体经济组织的治理能力，促进中国农村集体经济在创新、协调、绿色、开放和共享方面获得高质量发展。

2. 从区域角度分析

不同解释变量对不同区域的影响方向和影响程度不同。对于东部地区来说，制度创新、资金投入、科技创新这三个变量对东部地区农村集体经济高质量发展的影响是最大的。对于中部地区来说，制度创新、劳动力质量、劳动力数量、劳动力效率这四个变量对农村集体经济高质量发展的影响是最大的，可见中部地区在多个方面都具有发展潜力。对于经济基础较差以及地理位置具有劣势的西部地区来说，制度创新、劳动力数量、劳动力效率、资金投入以及科技投入这五个变量对西部地区农村集体经济高质量发展的影响是最大的。与东部地区、中部地区和西部地区相比较而言，对东北地区农村集体经济高质量发展影响程度较大的解释变量个数有七个，分别是制度创新、劳动力数量、劳动力质量、资金投入、资本效率、科技投入以及土地效率，这七个解释变量对东北地区农村集体经济高质量发展影响较大，可见东北地区农村集体经济虽然基础较好，但是仍需在较多方面投入较大的努力。

第二节 对策建议

一、明晰集体产权主体和产权权利内容

1. 明晰农村集体经济产权主体

农民集体是农村集体经济的产权主体，目前虽然由农村集体经济组织代表集体行使所有权，但是也应该逐渐弱化村委会在农村集体经济组织中的主导作用，强化农民个体成员的权利，给予更多表决权、投票权和话语权，让农民个体在农村集体经济活动中能按照自己的意愿做出农

民自己的决定。

2. 界定好农村集体经济组织成员资格

目前关于集体经济组织成员界定的全国性文件尚未出台，各地界定方式有三种：一是根据地方性规范性文件、政府规章进行界定，以浙江、广东、上海为代表；二是按照村规民约；三是以农龄为主要依据，兼顾户籍与劳动贡献，以"劳动者"作为认定标准。界定农村集体经济组织成员资格时应当考虑到户籍、农村土地承包关系、农龄、劳动贡献、权利义务匹配程度等因素，通过让群众满意、规范、合法、公正、公开的程序界定，既要尊重历史、兼顾现实，又要得到多数人认可、保护少数人权益，实行成员登记备案机制，解决成员边界不清的问题。

3. 完善集体经济组织职能

2021年1月1日开始实施的《中华人民共和国民法典》第九十九条规定："农村集体经济组织依法取得法人资格。"该条说明了农村集体经济组织可以取得法人资格，且要依法取得，有助于农村集体经济组织成为真正的市场主体参与市场经济活动，但是也要尽快出台《农村集体经济组织法》，完善集体经济组织与村委会的重叠职能和收费，实行差别化税收和减免税费等政策。

4. 保障农民个体权益

一是保障农民参与集体经济收益分配的权利。农民个体或者农户家庭在参与集体经济活动时，要能够保证能够分配合适份额的集体收益。二是保障农民承包地和宅基地的使用权和收益权。不论是进城落户的农民还是留在农村的老弱妇孺，只要是具有集体经济组织成员身份，都要保障其依靠农村土地而获得财产性收入和经营性收入的收益权。三是保障农民市场经济主体地位。要培养农民个体成员的独立意识，加强教育培训，让农民能够识别经济形势，具有判断力，在市场经济中为农民自身赢得利益。

5. 保护好集体资产

对于集体资产管理混乱问题，首先要清产核资，对农村集体资产进行清算，集体的家底有多少，又归属于谁，使集体产权归属清晰，这些问题弄清楚才能继续进行其他改革事项。在集体资产管理的手段上，重点是要改变原有的经营模式，实行现代化企业管理制度，采用信息化管理手段，安装农村集体"三资"监管系统，实现对集体资产运行状况的实时查询、实时分析和实时监管。实行代理会计核算制度、规范档案管理制度、民主监督和信息公开制度。

二、提高农村集体经济要素市场化水平

1. 完善农村集体经济要素市场

第一，解决农村集体经济市场的信息不对称。农村集体经济组织作为微观经营主体，要明确农村集体经济组织市场主体地位，只有与宏观市场经济体制对接，才能建构起集体经济的有效实现形式。集体经济能顺利与市场对接就需要消除信息不对称。解决信息不对称的方式一般来说是构建信息平台，在信息平台上针对各个新型经营主体都要有信息的沟通渠道，让每一种类型的市场主体都能够及时、准确获取信息，发生信息转换和交流。第二，解决激励不足的问题。对于激励不足，国家应给予税费优惠和财政支持双向扶持政策。对于农村集体经济组织税费负担严重问题，可以把农村集体经济组织承担的农村公共服务与税费减免挂钩，那些承担农村公共服务供给智能的集体经济组织，可以暂免征收企业所得税。对农村集体经济予以财政支持，尤其是对农业现代化项目、基础设施建设、社会保障建设、农业科技推广等给予补贴。第三，化解公共物品问题。在处理由谁提供公共物品这个问题上，既要防止政府大包大揽的过度供给，也要防止社区供给代替政府供给，政府应该是农村公共产品和服务的主要提供主体，积极引导社会资本参与农村公益性基础设施建设，完善农村基础设施建设机制。

2. 提高农民参与市场的能力

第一，解决农民个体对内和对外困境。对内，增强对农民的教育和培训，提高其规划能力和判断能力，出台倾斜性政策激发农民内生动力。对外，构建全覆盖网络信息平台和实体平台，让广大农民有机会、

有途径去交换信息，减少信息不对称。第二，农民个体参与集体行动以分担市场风险。为了提高农民收入、规避市场风险，当农民个体参与集体行动时的收益大于其单干时的收益，且其参与集体的收益大于参与集体的成本时，农民个体选择参与集体行动，以农村集体经济组织的身份走向市场。农民个体可以通过集体经济组织的方式提升参与市场的能力，共同面对和承担市场的风险，进而降低市场化风险。

3. 创新集体经济运行体制机制

农村集体经济市场化并不是弱化农村集体经济，而是更多地赋予农村集体经济组织抵御市场风险、搞好社会化服务、减轻农民负担等重要的历史责任。发展集体经济为的不是一时一刻，而是长久、长效、可持续发展。农民个体都渴求长久稳定的收入、农村集体经济渴求长效可持续的发展。第一，要创新农村集体经济可持续发展体制机制。发展不能靠一时的机遇，也不能靠一地的努力，要想发展长久，需要提高集体经济自身实力和市场竞争力。集体经济需要选择在自身擅长、有竞争优势和比较优势的领域进行生产活动和经营活动。第二，创新农村集体经济稳定发展体制机制。稳定发展需要政府，当农村集体经济依靠自身不能调节市场供求平衡或者市场发生临时性巨变时，光靠市场自身内部调节和集体经济组织自身调节无法取得有效成果时，便需要政府出台有力政策手段进行干扰调节，政府是集体经济市场失灵的有效后盾。政府和市场要互相配合才能达到稳定发展，其有效配合，不是规划和设计出最有效的规则，而是尽可能避免政府失灵和市场失灵。避免市场失灵的有效途径就是政府要弥补市场本身的局限，减少外部性，改善市场的环境和秩序，降低市场运行中的交易费用。第三，创新农村集体经济长效发展体制机制。长效发展是建立在可持续发展和稳定发展基础上的更高层次的要求，需要靠外界推力来获得。如精干高效且有开拓精神的管理团队，或者是具有能激发集体成员共同奋斗的激励机制和管理制度。

三、促进农村集体经济适度规模化发展

1. 土地规模化路径

第一,解决流转过程中存在的问题。一是通过提供农业社会化服务来弥补土地流转面临的交易费用。二是在保障国家粮食安全的基础上,可以适当增加经济作物的种植。三是因地制宜决定好土地规模化的适度性,如果要保持较高的农业生产效率就得进行适度的规模经营,规模过大或过小都会造成农业生产效率的损失。第二,重视农村宅基地和集体经营性建设用地制度改革。土地资源是农村集体经济赖以发展壮大的最基础、最重要的要素。盘活土地资源的关键在于深化土地制度改革。对宅基地进行价值评估,科学编制农村集体土地基准价格,建立农村集体土地流转的指导价格体系,探索宅基地自愿有偿使用制度和自愿有偿退出机制,防止集体资产的流失或低价转让。按照2018年中央一号文件的要求,允许腾退宅基地转变为经营性建设用地,直接入市或者以"地票"形式间接入市。

2. 组织规模化路径

第一,组织规模问题。对于家庭农场,应重点关注过度规模化问题,根据各地的实际情况设置家庭农场经营规模的上限。"分"可以激励,"统"可以规模化,如何在"统""分"之间做到适度,需要国家、农村集体经济组织、农民合作社、企业、家庭、农民各个主体联合起来,充分利用现有条件,做到经济效益最大化。第二,建立农业经营组织联盟和农业产业化联合体。以龙头企业为引领、农业合作社为纽带、家庭农场为基础,各成员通过资金、技术、品牌、信息等要素融合渗透,形成比较稳定的长期合作关系的紧密型农业经营组织联盟。第三,引导新型农业经营主体完善利益分享机制。进一步完善订单带动、利润返还、股份合作等新兴农业经营主体与农户的利益联结机制,让农民成为现代农业发展的参与者、受益者,防止普通小农户被挤出。

3. 服务规模化路径

服务规模化与组织规模化是一个硬币的两面，服务规模化必然要求农民的组织化，农民组织化带动服务规模化。中国小农户"小而散"的固有属性使农业社会化服务难以实现规模化，唯有通过组织化才能助推小农户在服务规模化的基础上实现农业现代化。可以通过村两委等实现联合经营模式下的土地集中，提高农机作业的效率，提供农业社会化服务综合性、全方位机构和平台，设定合理的农业社会化服务环节的利润分享模式，推动农产品供给、农业社会化服务水平和农户收入的同步增长。

四、积极推进农村集体经济现代化发展

农村集体经济现代化发展大的方面是农业农村现代化发展，小的方面主要包括基础设施的现代化发展、治理能力现代化发展、人的现代化发展、可持续发展、共享发展等。对于农村集体经济发展的现代化目标来说，引入农业先进技术是手段，最终目标是人的现代化发展和共享发展。

1. 引入农业先进技术

农业技术需要通过大规模的普及才能实现技术效益增量，要开展农技推广服务，加快农业科技成果的转化力度，将大数据、云计算和区块链等先进技术应用到农业生产和农业社会化服务上，提高有限生产资源的使用效率，提高要素的配置效率。

2. 促进治理能力现代化发展

治理和管理包括对农村集体经济组织的治理，包括对合作社内部的治理，也包括农民的自治，还包括对集体资产的管理。管理包括对集体资产、合作社（企业）、人力资源的管理，三者可归结为对农村集体经济的现代化企业管理制度的研究。现代化企业管理制度和农业信息化发展为农村集体经济的发展注入了新鲜血液，对合作社引入现代企业管理制度。在集体资产管理的手段上，改变原有的经营模式，实行现代化企

业管理制度，采用信息化管理手段，安装农村集体"三资"监管系统，实现对集体资产运行状况的实时查询、实时分析和实时监管。

3. 可持续发展

创新土壤改良技术，提高土地肥沃力，提高土地的使用效率。修建水利工程，创新农业用水技术，创新节水技术，完善灌溉方式，创新污水净化技术，研制能够有效消灭病虫又不破坏农产品质量的新农药，研制能够迅速发挥和补充土壤费力的新化肥，减少污染环境的化肥和农药的使用。完善环境保护制度，强化政府治理生态环境的职能，出台有效政策保护环境，治理污染。

4. 人的现代化发展和共享发展

大力普及乡村文化教育，通过正规教育和职业教育，提高农民的科学文化素质，培养成具有新思想、新观念的农民，通过技术培训使他们掌握新技术，掌握市场经济运作的知识，使他们逐渐形成市场意识，使农民成为现代农民。培养和引进农业科技人员，设置高于全国平均水平的工资来吸引高质量的人才进入，对当地种植大户和种植经营基于国家支持，对普通农户给予补贴。

参考文献

［1］《中共中央国务院关于稳步推进农村集体产权制度改革的意见》，载于《人民日报》2016年12月30日。

［2］《中共中央全会关于推进农村改革发展若干重大问题的决定》，载于《人民日报》2008年10月20日。

［3］阿玛蒂亚·森：《以自由看待发展》，任赜、于真译，中国人民大学出版社2013年版。

［4］埃里克·弗鲁博顿、鲁道夫·芮切特：《新制度经济学：一个交易费用分析范式》，罗长远、姜建强译，上海人民出版社2006年版。

［5］埃莉诺·奥斯特罗姆：《公共事物的治理之道：集体行动制度的演讲》，余逊达、陈旭东译，上海译文出版社2012年版。

［6］安淑新：《促进经济高质量发展的路径研究：一个文献综述》，载于《当代经济管理》2018年第9期。

［7］奥斯特罗姆：《制度分析与发展的反思》，王诚等译，商务印书馆，1992年版。

［8］巴泽尔：《产权的经济分析》，费方域、段毅才译，上海三联书店、上海人民出版社2006年版。

［9］包先康：《社会转型期农民意识的变化》，载于《华南农业大学学报（社会科学版）》2014年第2期。

［10］曹阳、胡继亮：《中国土地家庭承包制度下的农业机械化——基于中国17省（区、市）的调查数据》，载于《中国农村经济》2010年第10期。

［11］钞小静、薛志欣：《新时代中国经济高质量发展的理论逻辑

与实践机制》，载于《西北大学学报（哲学社会科学版）》2018 年第 6 期。

[12] 陈柏峰：《土地流转对农民阶层分化的影响——基于湖北省京山县调研的分析》，载于《中国农村观察》2009 年第 4 期。

[13] 陈军亚：《产权改革：集体经济有效实现形式的内生动力》，载于《华中师范大学学报（人文社会科学版）》2015 年第 1 期。

[14] 陈利根、李宁、龙开胜：《产权不完全界定研究：一个公共域的分析框架》，载于《云南财经大学学报》2013 年第 4 期。

[15] 陈璐、李玉琴、王颜齐：《新型农业经营主体推动农村三产融合发展的增收效应分析》，载于《学习与探索》2019 年第 3 期。

[16] 陈强：《高级计量经济学及 Stata 应用》，高等教育出版社 2016 年版。

[17] 陈小君：《"三权分置"与中国农地法制变革》，载于《甘肃政法学院学报》2018 年第 1 期。

[18] 陈晓华：《推进龙头企业转型升级促进农村一二三产业融合发展》，载于《农村经营管理》2015 年第 12 期。

[19] 陈义媛：《土地托管的实践与组织困境：对农业社会化服务体系构建的思考》，载于《南京农业大学学报（社会科学版）》2017 年第 6 期。

[20] 陈志刚、曲福田：《农地产权制度变迁的绩效分析——对转型期中国农地制度多样化创新的解释》，载于《中国农村观察》2003 年第 2 期。

[21] 程恩富、张杨：《坚持社会主义农村土地集体所有的大方向——评析土地私有化的四个错误观点》，载于《中国农村经济》2020 年第 2 期。

[22] 程世勇：《中国农村土地制度变迁：多元利益博弈与制度均衡》，载于《社会科学辑刊》2016 年第 2 期。

[23] 崔红志，苑鹏，刘同山等：《创新体制机制发展壮大农村集体经济》，中国社会科学出版社 2018 年版。

[24] 大卫·李嘉图：《政治经济学及赋税原理》，郭大力、王亚楠译，商务印书馆1972年版。

[25] 戴青兰：《农村土地产权制度变迁背景下农村集体经济的演进与发展》，载于《农村经济》2018年第4期。

[26] 当代中国农业合作化编辑室：《建国成立以来农业合作化史料汇编》，中共党史出版社1992年版。

[27] 道·诺斯：《制度变迁理论纲要》，载于《改革》1995年第3期。

[28] 道格拉斯·C.诺思：《经济史中的结构与变迁》，陈郁、罗华平等译，上海人民出版社1994年版。

[29] 道格拉斯·诺斯，罗伯斯·托马斯：《西方世界的兴起》，厉以平、蔡磊译，华夏出版社2009年版。

[30] 邓大才：《改造传统农业：经典理论与中国经验》，载于《学术月刊》2013年第3期。

[31] 邓小平：《邓小平文选（第2卷）》，人民出版社1983年版。

[32] 丁波：《乡村振兴背景下农村集体经济与乡村治理有效性——基于皖南四个村庄的实地调查》，载于《南京农业大学学报（社会科学版）》2020年第3期。

[33] 丁忠兵：《农村集体经济组织与农民专业合作社协同扶贫模式创新：重庆例证》，载于《改革》2020年第5期。

[34] 董志勇、李成明：《新中国70年农业经营体制改革历程、基本经验与政策走向》，载于《改革》2019年第10期。

[35] 方桂堂：《农村集体产权制度改革的多重影响研究——来自北京市昌平区的实证调查》，载于《中国政法大学学报》2019年第1期。

[36] 方志权：《中国农村集体经济组织产权制度改革若干问题思考》，载于《科学发展》2014年第9期。

[37] 方中友：《农地流转机制研究》，博士学位论文，南京农业大学，2008年。

[38] 房绍坤、林广会：《解释论视角下的土地经营权融资担保》，

载于《吉林大学社会科学学报》2020年第1期。

[39] 冯蕾：《中国农村集体经济实现形式研究》，博士学位论文，吉林大学，2014年。

[40] 符刚、陈文宽、李思遥、唐宏：《推进我国农村资源产权市场化的困境与路径选择》，载于《农业经济问题》2016年第11期。

[41] 高鸣、芦千文：《中国农村集体经济：70年发展历程与启示》，载于《中国农村经济》2019年第10期。

[42] 高强、孔祥智：《新中国70年的农村产权制度：演进脉络与改革思路》，载于《理论探索》2019年第6期。

[43] 高嵩：《也谈集体行动的逻辑——基于对马克思相关观点的理解》，载于《经济经纬》2009年第6期。

[44] 高云才：《探索建立有中国特色的农村集体产权制度——我国农村集体资产股份权能改革试点综述》，载于《农村经营管理》2017年第1期。

[45] 耿羽：《壮大集体经济助推乡村振兴——习近平关于农村集体经济重要论述研究》，载于《毛泽东邓小平理论研究》2019年第2期。

[46] 宫敏燕：《论城镇化背景下农民阶层的分化与整合》，载于《中共福建省委党校学报》2013年第5期。

[47] 顾益康：《探索新时代农村集体经济发展新路子》，载于《红旗文稿》2020年第2期。

[48] 关锐捷：《构建新型农业社会化服务体系初探》，载于《农业经济问题》2012年第4期。

[49] 郭晓鸣、王蔷：《农村集体经济组织治理相对贫困：特征、优势与作用机制》，载于《社会科学战线》2020年第12期。

[50] 郭晓鸣、张耀文、马少春：《农村集体经济联营制：创新集体经济发展路径的新探索——基于四川省彭州市的试验分析》，载于《农村经济》2019年第4期。

[51] 郭亚军：《综合评价理论、方法及应用》，科学出版社2007年版。

[52] 国家发展改革委经济研究所课题组:《推动经济高质量发展研究》, 载于《宏观经济研究》2019 年第 2 期。

[53] 国家统计局农村司:《农业生产跃上新台阶现代农业擘画新蓝图——新中国成立 70 周年农村经济社会发展成就报告》, 载于《农村·农业·农民 (B 版)》2019 年第 9 期。

[54] 韩俊, 宋洪远:《新中国 70 年农村发展与制度变迁》, 人民出版社 2019 年版。

[55] 韩俊:《实施乡村振兴战略五十题》, 人民出版社 2018 年版。

[56] 韩松:《论农村集体经济内涵的法律界定》, 载于《暨南学报 (哲学社会科学版)》2011 年第 5 期。

[57] 韩文龙:《"技术进步——制度创新——企业家精神"的创新组合及其增长效应》, 载于《社会科学辑刊》2019 年第 3 期。

[58] 郝亚光:《政府引导: 农村集体经济有效实现形式的外部条件》, 载于《东岳论丛》2015 年第 3 期。

[59] 何登:《农村产权抵押融资发展的困境与对策》, 载于《贵州农业科学》2015 年第 3 期。

[60] 何平均、刘睿:《新型农村集体经济发展的现实困境与制度破解》, 载于《农业经济》2015 年第 8 期。

[61] 何欣、蒋涛、郭良燕、甘犁:《中国农地流转市场的发展与农户流转农地行为研究——基于 2013~2015 年 29 省的农户调查数据》, 载于《管理世界》2016 年第 6 期。

[62] 贺福中:《农村集体产权制度改革的实践与思考——以山西省沁源县沁河镇城北村为例》, 载于《经济问题》2017 年第 1 期。

[63] 贺卫华:《乡村振兴背景下新型农村集体经济发展路径研究——基于中部某县农村集体经济发展的调研》, 载于《学习论坛》2020 年第 6 期。

[64] 贺雪峰:《取消农业税后农村的阶层及其分析》, 载于《社会科学》2011 年第 3 期。

[65] 胡锦涛:《高举中国特色社会主义伟大旗帜为夺取全面建设

小康社会新胜利而奋斗》,载于《人民日报》2007年10月15日。

[66] 胡凌啸:《中国农业规模经营的现实图谱:"土地+服务"的二元规模化》,载于《农业经济问题》2018年第11期。

[67] 胡敏:《高质量发展要有高质量考评》,载于《中国经济时报》2018年1月18日。

[68] 胡新艳、朱文珏、罗必良:《产权细分、分工深化与农业服务规模经营》,载于《天津社会科学》2016年第4期。

[69] 胡振红:《量与质:不同实现形式下农村集体经济发展中的要素构成分析——以山东东平土地股份合作社为例》,载于《山东社会科学》2014年第12期。

[70] 黄庆华、时培豪、刘晗:《区域经济高质量发展测度研究:重庆例证》,载于《重庆社会科学》2019年第9期。

[71] 黄少安、文丰安:《中国经济社会转型中的土地问题》,载于《改革》2018年第11期。

[72] 黄少安:《改革开放40年中国农村发展战略的阶段性演变及其理论总结》,载于《经济研究》2018年第12期。

[73] 黄少安:《中国经济制度变迁的事实对"制度变迁主体角色转换假说"的证实》,载于《浙江社会科学》1999年第1期。

[74] 黄延信:《发展农村集体经济的几个问题》,载于《农业经济问题》2015年第7期。

[75] 黄振华:《能人带动:集体经济有效实现形式的重要条件》,载于《华中师范大学学报(人文社会科学版)》2015年第1期。

[76] 黄祖辉、王朋:《我国农地产权制度的变迁历史——基于农地供求关系视角的分析》,载于《甘肃社会科学》2009年第3期。

[77]《江泽民文选(第2卷)》,人民出版社2006年版。

[78] 姜宝山、马奉延、孟迪:《乡村振兴视角下辽宁村集体经济建设发展的思考》,载于《农业经济》2019年第12期。

[79] 卡马耶夫:《经济增长的速度和质量》,陈华山等译,湖北人民出版社1983年版。

[80] 孔培嘉、史晓琴、石绍宾：《高质量发展指标体系设计与省际评估》，载于《公共财政研究》2020年第3期。

[81] 孔祥智、高强：《改革开放以来我国农村集体经济的变迁与当前亟需解决的问题》，载于《理论探索》2017年第1期。

[82] 孔祥智、楼栋、何安华：《建立新型农业社会化服务体系：必要性、模式选择和对策建议》，载于《教学与研究》2012年第1期。

[83] 孔祥智、穆娜娜：《农村集体产权制度改革对农民增收的影响研究——以六盘水市的"三变"改革为例》，载于《新疆农垦经济》2016年第6期。

[84] 孔祥智、赵昶：《农村集体产权制度改革的实践探索与政策启示——基于7省13县（区、市）的调研》，载于《中州学刊》2020年第11期。

[85] 孔祥智、周振：《我国农村要素市场化配置改革历程、基本经验与深化路径》，载于《改革》2020年第7期。

[86] 孔祥智：《深入推进产权制度改革，培育农业农村发展新动能》，载于《教学与研究》2017年第3期。

[87] 孔祥智：《新中国成立70年来的合作经济研究》，载于《河北学刊》2019年第6期。

[88] 李安增、赵丹：《毛泽东发展农村集体经济的思想与实践探析》，载于《党的文献》2015年第2期。

[89] 李放：《现代国家制度建设：中国国家治理能力现代化的战略选择》，载《新疆师范大学学报（哲学社会科学版）》2014年第4期。

[90] 李金昌、史龙梅、徐蔼婷：《高质量发展评价指标体系探讨》，载于《统计研究》2019年第1期。

[91] 李宁、陈利根、孙佑海：《现代农业发展背景下如何使农地"三权分置"更有效——基于产权结构细分的约束及其组织治理的研究》，载于《农业经济问题》2016年第7期。

[92] 李宁、张然、仇童伟、王舒娟：《农地产权变迁中的结构细分与"三权分置"改革》，载于《经济学家》2017年第1期。

[93] 李韬、陈丽红、杜晨玮、杜茜谊：《农村集体经济壮大的障碍、成因与建议——以陕西省为例》，载于《农业经济问题》2021年第2期。

[94] 李天姿、王宏波：《农村新型集体经济：现实旨趣、核心特征与实践模式》，载于《马克思主义与现实》2019年第2期。

[95] 李文钢、马良灿：《新型农村集体经济复兴与乡土社会重建——学术回应与研究反思》，载于《社会学评论》2020年第6期。

[96] 李炎清：《制度创新、道德建设与制度伦理》，载于《湖北师范学院学报（哲学社会科学版）》2004年第2期。

[97] 李勇华：《农村集体产权制度改革对村民自治的价值》，载于《中州学刊》2016年第5期。

[98] 李周、任常青：《农地改革、农民权益与集体经济：中国农业发展中的三大问题》，中国社会科学出版社2015年版。

[99] 梁春梅、李晓楠：《农村集体产权制度改革的减贫机制研究》，载于《理论学刊》2018年第4期。

[100] 梁昊：《中国农村集体经济发展：问题及对策》，载于《财政研究》2016年第3期。

[101] 列宁：《列宁全集（第43卷）》，中共中央马克思恩格斯列宁斯大林著作编译局译，人民出版社1987年版。

[102] 林坚、马彦丽：《我国农民的社会分层结构和特征——一个基于全国1185分调查问卷的分析》，载于《湘潭大学学报（哲学社会科学版）》2006年第1期。

[103] 林木西：《中国特色国民经济学的建设与发展》，载于《经济学家》2020年第12期。

[104] 林毅夫、李周：《发育市场——九十年代农村改革的主线》，载于《农业经济问题》1992年第9期。

[105] 刘凤芹：《农业土地规模经营的条件与效果研究：以东北农村为例》，载于《管理世界》2006年第9期。

[106] 刘可：《农村产权制度改革：理论思考与对策选择》，载于

《经济体制改革》2014年第4期。

[107] 刘克春、林坚：《农地承包经营权市场流转与行政性调整：理论与实证分析——基于农户层面和江西省实证研究》，载于《数量经济技术经济研究》2005年第11期。

[108] 刘瑞，林木西，赵丽芬：《2018国民经济评论第1期总第3辑》，经济科学出版社2018年版。

[109] 刘守英、熊雪锋：《我国乡村振兴战略的实施与制度供给》，载于《政治经济学评论》2018年第4期。

[110] 刘守英、颜嘉楠、冀县卿：《集体地权制度下农地合约选择与经营体制变迁——松江集体村社型家庭农场的案例分析》，载于《中国农村经济》2021年第2期。

[111] 刘守英：《中国农业转型和农业现代化道路怎么走》，载于《中国合作经济》2015年第6期。

[112] 刘义圣、陈昌健、张梦玉：《我国农村集体经济未来发展的隐忧和改革路径》，载于《经济问题》2019年第11期。

[113] 卢现祥：《新制度经济学（第2版）》，北京大学出版社2012年版。

[114] 陆雷、崔红志：《农村集体经济发展的现状、问题与政策建议》，载于《中国发展观察》2018年第11期。

[115] 陆学艺、张厚义、张其仔：《转型时期农民的阶层分化——对大寨、刘庄、华西等13个村庄的实证研究》，载于《中国社会科学》1992年第4期。

[116] 罗伯特·韦尔，凯·尼尔森：《分析马克思主义新论》，鲁克俭等译，中国人民大学出版社2002年版。

[117] 罗纳德·H.科斯等：《财产权利与制度变迁：产权学派与新制度学派译文集》，刘守英等译，格致出版社、上海三联书店，2014年版。

[118] 麻智辉：《推动江西经济高质量发展的重点和路径》，载于《江西日报》2018年4月1日。

［119］马桂萍、崔超：《改革开放后党对农村集体经济认识轨迹及创新》，载于《理论学刊》2019 年第 2 期。

［120］《马克思恩格斯选集（第 3 卷）》，中共中央马克思恩格斯列宁斯大林著作编译局译，人民出版社 1995 年版。

［121］马茹、罗晖、王宏伟、王铁成：《中国区域经济高质量发展评价指标体系及测度研究》，载于《中国软科学》2019 年第 7 期。

［122］马歇尔：《经济学原理》，朱志泰、陈良璧译，商务印书馆 1992 年版。

［123］曼瑟尔·奥尔森：《集体行动的逻辑》，陈郁、郭宇峰、李崇新译，格致出版社 2014 年版。

［124］毛泽东：《毛泽东选集（第 3 卷）》，人民出版社 1991 年版。

［125］冒佩华、徐骥：《农地制度、土地经营权流转与农民收入增长》，载于《管理世界》2015 年第 5 期。

［126］闵师、王晓兵、项诚、黄季焜：《农村集体资产产权制度改革：进程、模式与挑战》，载于《农业经济问题》2019 年第 5 期。

［127］聂长飞、简新华：《中国高质量发展的测度及省际现状的分析比较》，载于《数量经济技术经济研究》2020 年第 2 期。

［128］农业部农村经济体制与经营管理司调研组：《浙江省农村集体产权制度改革调研报告》，载于《农业经济问题》2013 年第 10 期。

［129］潘雅茹，罗良文：《基础设施投资对经济高质量发展的影响：作用机制与异质性研究》，载于《改革》2020 年第 6 期。

［130］庞柏林：《中国农业技术进步的制度分析》，博士学位论文，东北林业大学，2006 年。

［131］钱忠好：《农地承包经营权市场流转：理论与实证分析——基于农户层面的经济分析》，载于《经济研究》2003 年第 2 期。

［132］乔翠霞、王骥：《农村集体经济组织参与公共品供给的路径创新——大宁县"购买式改革"典型案例研究》，载于《中国农村经济》2020 年第 12 期。

［133］丘永萍：《农村集体经济组织发展影响因素研究——基于省

级面板数据的实证检验》，载于《经济研究参考》2018 年第 44 期。

［134］任保平、李禹墨：《经济高质量发展中生产力质量的决定因素及其提高路径》，载于《经济纵横》2018 年第 7 期。

［135］任保平、李禹墨：《新时代我国高质量发展评判体系的构建及其转型路径》，载于《陕西师范大学学报（哲学社会科学版）》2018 年第 3 期。

［136］任保平、文丰安：《新时代中国高质量发展的判断标准、决定因素与实现途径》，载于《改革》2018 年第 4 期。

［137］茹少峰、魏博阳、刘家旗：《以效率变革为核心的我国经济高质量发展的实现路径》，载于《陕西师范大学学报（哲学社会科学版）》2018 年第 3 期。

［138］师博、任保平：《中国省际经济高质量发展的测度与分析》，载于《经济问题》2018 年第 4 期。

［139］师博、张冰瑶：《全国地级以上城市经济高质量发展测度与分析》，载于《社会科学研究》2019 年第 3 期。

［140］史丹、李鹏：《我国经济高质量发展测度与国际比较》，载于《东南学术》2019 年第 5 期。

［141］舒展、罗小燕：《新中国 70 年农村集体经济回顾与展望》，载于《当代经济研究》2019 年第 11 期。

［142］税林敏：《新时代壮大农村集体经济的动力机制研究》，硕士学位论文，贵州大学，2019 年。

［143］宋洪远、高强：《农村集体产权制度改革轨迹及其困境摆脱》，载于《改革》2015 年第 2 期。

［144］宋洪远：《新型农业社会化服务体系建设研究》，载于《中国流通经济》2010 年第 6 期。

［145］宋茂华：《传统农业的特征及其现代化改造——读舒尔茨〈改造传统农业〉的思考》，载于《襄樊学院学报》2009 年第 3 期。

［146］宋宇、孙雪：《建国 70 年农村集体经济实现方式的阶段性发展与理论总结》，载于《人文杂志》2019 年第 11 期。

[147] 速水佑次郎、神门善久：《发展经济学：从贫困到富裕（第三版）》，李周译，社会科学文献出版社 2005 年版。

[148] 速水佑次郎、神门善久：《农业经济论（新版）》，沈金虎、周应恒、曾寅初、张玉林、张越杰、于晓华译，中国农业出版社 2003 年版。

[149] 孙林、傅康生：《农村土地适度规模经营的阻碍因素与转型路径》，载于《中共中央党校学报》2015 年第 1 期。

[150] 孙新华、曾红、周娟：《乡村振兴背景下我国小农户的命运与出路》，载于《农村经济》2019 年第 9 期。

[151] 孙悦津、董德利：《合作行为、集体行动逻辑与农村经济组织分析》，载于《安徽行政学院学报》2016 年第 6 期。

[152] 谭秋成：《农村集体经济的特征、存在的问题及改革》，载于《北京大学学报（哲学社会科学版）》2018 年第 3 期。

[153] 唐任伍、郭文娟：《乡村振兴演进韧性及其内在治理逻辑》，载于《改革》2018 年第 8 期。

[154] 唐晓彬、王亚男、唐孝文：《中国省域经济高质量发展评价研究》，载于《科研管理》2020 年第 11 期。

[155] 仝志辉、陈淑龙：《改革开放 40 年来农村集体经济的变迁和未来发展》，载于《中国农业大学学报（社会科学版）》2018 年第 6 期。

[156] 仝志辉、侯宏伟：《农业社会化服务体系：对象选择与构建策略》，载于《改革》2015 年第 1 期。

[157] 仝志辉、韦潇竹：《通过集体产权制度改革理解乡村治理：文献评述与研究建议》，载于《四川大学学报（哲学社会科学版）》2019 年第 1 期。

[158] 涂圣伟：《新型城镇化建设背景下我国农村产权制度改革研究》，载于《经济纵横》2017 年第 7 期。

[159] 万宝瑞：《我国农业三产融合沿革及其现实意义》，载于《农业经济问题》2019 年第 8 期。

[160] 汪丁丁：《产权博弈》，载于《经济研究》1996 年第 10 期。

[161] 汪丁丁：《制度创新的一般理论》，载于《经济研究》1992年第5期。

[162] 汪肖良：《制度创新与道德建设》，载于《浙江社会科学》1995年第5期。

[163] 王宾、刘祥琪：《农村集体产权制度股份化改革的政策效果：北京证据》，载于《改革》2014年第6期。

[164] 王德福：《农村产权交易市场的运行困境与完善路径》，载于《中州学刊》2015年第11期。

[165] 王宏波、李天姿、金栋昌：《论新型集体经济在欠发达地区农村市场化中的作用》，载于《西安交通大学学报（社会科学版）》2017年第4期。

[166] 王娜、胡联：《新时代农村集体经济的内在价值思考》，载于《当代经济研究》2018年第10期。

[167] 王守智：《集体经济组织在新一轮农村改革发展中的功能、困境及出路》，载于《长江论坛》2009年第3期。

[168] 王曙光：《农业农村优先发展与中国经济高质量均衡增长》，载于《人民论坛·学术前沿》2020年第24期。

[169] 王伟、顾飞：《省域高质量发展的评价分析——以重庆为例》，载于《当代金融研究》2020年第1期。

[170] 王晓丽：《农村集体经济与农民发展的良性互动研究》，博士学位论文，山西大学，2014年。

[171] 王兴国、曲海燕：《科技创新推动农业高质量发展的思路与建议》，载于《学习与探索》2020年第11期。

[172] 魏敏、李书昊：《新时代中国经济高质量发展水平的测度研究》，载于《数量经济技术经济研究》2018年第11期。

[173] 西奥多·W. 舒尔茨：《改造传统农业》，梁小民译，商务印书馆2006年版。

[174] 习近平：《摆脱贫困》，福建人民出版社2014年版。

[175] 习近平：《决胜全面建成小康社会夺取新时代中国特色社会

主义伟大胜利——在中国共产党第十九次全国代表大会上的报告》，载于《人民日报》2017年10月28日。

[176] 习近平：《论坚持全面深化改革》，中央文献出版社，2018年版。

[177] 习近平：《中国农村市场化研究》，博士学位论文，清华大学，2001年。

[178] 夏英、钟桂荔、曲颂、郭君平：《我国农村集体产权制度改革试点：做法、成效及推进对策》，载于《农业经济问题》2018年第4期。

[179] 谢地、李雪松：《新中国70年农村集体经济存在形式、载体形式、实现形式研究》，载于《当代经济研究》2019年第12期。

[180] 熊彼特：《经济发展理论》，何畏、易家详、张军扩、胡和立、叶虎译，商务印书馆1990年版。

[181] 徐秀英：《村级集体经济发展面临的困境、路径及对策建议——以浙江省杭州市为例》，载于《财政科学》2018年第3期。

[182] 徐莹：《加快建立高质量发展指标体系》，载于《中国质量报》2018年3月20日。

[183] 徐勇、沈乾飞：《市场相接：集体经济有效实现形式的生发机制》，载于《东岳论丛》2015年第3期。

[184] 徐勇、赵德健：《创新集体：对集体经济有效实现形式的探索》，载于《华中师范大学学报（人文社会科学版）》2015年第1期。

[185] 徐志向、丁任重：《新时代中国省际经济发展质量的测度、预判与路径选择》，载于《政治经济学评论》2019年第1期。

[186] 许恒周、郭忠兴：《农村土地流转影响因素的理论与实证研究——基于农民阶层分化与产权偏好的视角》，载于《中国人口·资源与环境》2011年第3期。

[187] 许经勇：《论农村集体产权的股份制改革》，载于《学习论坛》2017年第3期。

[188] 许经勇：《我国农村土地产权制度改革的回顾与前瞻——形成有利于保障农民合法权益的土地产权制度》，载于《经济学动态》

2008年第7期。

[189] 许经勇：《习近平壮大农村集体经济思想研究》，载于《山西师大学报（社会科学版）》2020年第1期。

[190] 薛继亮、李录堂：《我国农村集体经济有效实现的新形式：来自陕西的经验》，载于《上海大学学报（社会科学版）》2011年第1期。

[191] 薛继亮：《农村集体经济发展有效实现形式研究》，博士学位论文，西北农林科技大学，2012年。

[192] 薛亮：《从农业规模经营看中国特色农业现代化道路》，载于《农业经济问题》2008年第6期。

[193] 燕继荣：《中国国家制度改革的方向》，载于《探索与争鸣》2015年第3期。

[194] 杨戈：《走向现代农业：农业现代化与创新》，中国经济出版社2003年版。

[195] 杨卫：《关于农村集体经济改革发展的探讨与前瞻》，载于《毛泽东邓小平理论研究》2015年第12期。

[196] 杨嬛：《合作机制：农村集体经济有效实现的组织制度基础》，载于《山东社会科学》2015年第7期。

[197] 杨洋：《农村集体经济振兴的蕴含价值、现实困境与实现路径》，载于《农村经济》2020年第9期。

[198] 杨一介：《我们需要什么样的农村集体经济组织？》，载于《中国农村观察》2015年第5期。

[199] 姚洋：《非农就业结构与土地租赁市场的发育》，载于《中国农村观察》1999年第2期。

[200] 姚洋：《中国农地制度：一个分析框架》，载于《中国社会科学》2000年第2期。

[201] 叶剑平、丰雷、蒋妍、郎昱，罗伊·普罗斯特曼：《2016年中国农村土地使用权调查研究——17省份调查结果及政策建议》，载于《管理世界》2018年第3期。

[202] 叶剑平、丰雷、蒋妍、罗伊·普罗斯特曼、朱可亮：《2008

年中国农村土地使用权调查研究——17省份调查结果及政策建议》，载于《管理世界》2010年第1期。

[203] 叶兴庆：《为实施乡村振兴战略提供制度保障》，载于《中国农村经济》2020年第6期。

[204] 叶裕民、戚斌、于立：《基于土地管制视角的中国乡村内生性发展乏力问题分析：以英国为鉴》，载于《中国农村经济》2018年第3期。

[205] 殷德生：《制度创新的一般理论：逻辑、模型与扩展》，载于《经济评论》2003年第6期。

[206] 于飞：《"农民集体"与"集体经济组织"：谁为集体所有权人？——风险界定视角下两者关系的再辨析》，载于《财经法学》2016年第1期。

[207] 苑鹏、刘同山：《发展农村新型集体经济的路径和政策建议——基于我国部分村庄的调查》，载于《毛泽东邓小平理论研究》2016年第10期。

[208] 翟峰：《农村集体产权制度改革试点中的八个问题和建议——基于四川省改革试点实践的调研思考》，载于《西部论坛》2017年第6期。

[209] 张斌：《新时代深化农村集体产权制度改革的思考》，载于《中州学刊》2019年第9期。

[210] 张浩、冯淑怡、曲福田：《"权释"农村集体产权制度改革：理论逻辑和案例证据》，载于《管理世界》2021年第2期。

[211] 张红宇：《关于深化农村改革的四个问题》，载于《农业经济问题》2016年第7期。

[212] 张军扩、侯永志、刘培林等：《高质量发展的目标要求和战略路径》，载于《管理世界》2019年第7期。

[213] 张瑞涛、夏英：《农村集体经济有效发展的关键影响因素分析——基于定性比较分析（QCA）方法》，载于《中国农业资源与区划》2020年第1期。

[214] 张晓山：《完善农村基本经营制度夯实乡村治理基础》，载于《中国农村经济》2020 年第 6 期。

[215] 张晓山：《我国农村集体所有制的理论探讨》，载于《中南大学学报（社会科学版）》2019 年第 1 期。

[216] 张旭、隋筱童：《我国农村集体经济发展的理论逻辑、历史脉络与改革方向》，载于《当代经济研究》2018 年第 2 期。

[217] 张杨、程恩富：《壮大集体经济、实施乡村振兴战略的原则与路径——从邓小平"第二次飞跃"论到习近平"统"的思想》，载于《现代哲学》2018 年第 1 期。

[218] 张应良、徐亚东：《农村"三变"改革与集体经济增长：理论逻辑与实践启示》，载于《农业经济问题》2019 年第 5 期。

[219] 张应良、杨芳：《农村集体产权制度改革的实践例证与理论逻辑》，载于《改革》2017 年第 3 期。

[220] 张占耕：《农村集体产权制度改革的重点、路径与方向》，载于《区域经济评论》2016 年第 3 期。

[221] 张照新：《中国农村土地流转市场发展及其方式》，载于《中国农村经济》2002 年第 2 期。

[222] 张震、刘雪梦：《新时代我国 15 个副省级城市经济高质量发展评价体系构建与测度》，载于《经济问题探索》2019 年第 6 期。

[223] 赵德起、谭越璇：《制度创新、技术进步和规模化经营与农民收入增长关系研究》，载于《经济问题探索》2018 年第 9 期。

[224] 赵德起、姚明明：《农民权利配置与收入增长关系研究》，载于《经济理论与经济管理》2014 年第 11 期。

[225] 赵德起：《农地使用权市场流转的经济分析》，载于《经济社会体制比较》2011 年第 2 期。

[226] 赵德起：《契约完备度视角下的契约效率理论》，载于《中国工业经济》2014 年第 12 期。

[227] 赵德起：《中国农村土地产权制度效率的经济学分析》，经济科学出版社 2010 年版。

[228] 赵靖：《新农村集体经济机制分析和实践模式研究》，硕士学位论文，安徽财经大学，2016 年。

[229] 赵宇霞、褚尔康：《对我国农村集体经济法律规范的思考》，载于《毛泽东邓小平理论研究》2014 年第 5 期。

[230] 赵占博：《人口大流动时代农村集体经济发展路径》，载于《社会科学家》2019 年第 4 期。

[231] 赵智奎、龚云、彭海红、常伟：《实施乡村振兴战略，壮大集体经济（笔谈）》，载于《河南社会科学》2020 年第 5 期。

[232] 赵忠升：《"三农"问题的核心：农民的权益与能力》，载于《农业经济问题》2012 年第 11 期。

[233] 中共中央党史和文献研究院：《习近平关于"三农"工作论述摘编》，中央文献出版，2019 年版。

[234] 中共中央文献研究室：《邓小平年谱（1975－1997）（下）》，中央文献出版社 2004 年版。

[235] 中央农村工作领导小组办公室福建省委农村工作领导小组办公室：《习近平总书记"三农"思想在福建的探索与实践》，载于《人民日报》2018 年 1 月 19 日。

[236] 中央农村工作领导小组办公室河北省委省政府农村工作办公室：《习近平总书记"三农"思想在正定的形成与实践》，载于《人民日报》2018 年 1 月 18 日。

[237] 中央农村工作领导小组办公室浙江省农业和农村工作办公室：《习近平总书记"三农"思想在浙江的形成与实践》，载于《人民日报》2018 年 1 月 21 日。

[238] 钟桂荔、夏英：《农村集体资产股份权能改革的关键问题——基于 8 县（市、区）试点的调研观察》，载于《农业经济问题》2017 年第 6 期。

[239] 周柏春、娄淑华：《新型城镇化进程中的分配正义：来自于农民能力与政策保障的双重视角》，载于《农业经济问题》2016 年第 9 期。

[240] 周娟：《农村集体经济组织在乡村产业振兴中的作用机制研

究——以"企业+农村集体经济组织+农户"模式为例》,载于《农业经济问题》2020年第11期。

［241］周文、孙懿:《包容性增长与中国农村改革的现实逻辑》,载于《经济学动态》2011年第6期。

［242］周小亮:《论外在制度创新的差异性与多样性——兼评西方制度变迁理论关于制度创新差异性与多样性的不同解说》,载于《经济评论》2002年第3期。

［243］周延飞:《农村集体经济研究若干问题探讨》,载于《区域经济评论》2018年第6期。

［244］周延飞:《农村集体经济研究述评与展望》,载于《湖北经济学院学报》2018年第5期。

［245］朱建江:《"三资分置"前提下的农村集体经济发展》,载于《上海经济研究》2020年第3期。

［246］朱建江:《农村集体土地所有权实现与集体经济发展壮大》,载于《毛泽东邓小平理论研究》2019年第10期。

［247］邹英、刘杰:《农民再组织化与乡村公共性重构:社会范式下集体经济的发展逻辑——基于黔村"村社合一"经验的研究》,载于《湖北民族学院学报(哲学社会科学版)》2019年第6期。

［248］左臣明:《农村集体经济有效实现形式的路径探索》,载于《中国财政》2016年第11期。

［249］Alchian A. A. Demsetz H., Production, Information Costs, and Economic Organization. *The American Economic Review*, Vol. 62, No. 5, December 1972.

［250］Aulia S. A., T. F. Sofhani. The Factors that Affect Collective Action of Farmer's Organizations in Rural Area. *IOP Conference Series*:*Materials Science and Engineering*, Vol. 662, No. 4, November 2019.

［251］Barro R. J. *Quantity and Quality of Economic Growth*. Santiago de Chile: Banco Central of Chile, 2002.

［252］Barro R. J., Sala‑i‑Martin X. Convergence. *Journal of Politi‑

cal Economy, Vol. 100, No. 2, April 1992.

[253] Binswanger H. P., Rosenzweig, M. R. Behavioural and Material Determinants of Production Relations in Agriculture. *The Journal of Development Studies*, Vol. 22, No. 3, January 1986.

[254] Coase R. H. The Nature of the Firm. *Economica*, Vol. 4, No. 16, November 1937.

[255] Davis L. E. & North D. C. *Constitutional Change and American Economic Growth*. London: Cambridge University Press, 1971.

[256] Elhorst P., Piras G., Arbia G. Growth and Convergence in a Multiregional Model with Space-time Dynamics. *Geographical Analysis*, Vol. 42, No. 3, July 2010.

[257] Ertur C., Koch W. Growth, Technological Interdependence and Spatial Externalities: Theory and Evidence. *Journal of Applied Econometrics*, Vol. 22, No. 6, August 2007.

[258] Feng S. Land Rental, Off-farm Employment and Technical Efficiency of Farm Households in Jiangxi Province, China. *NJAS - Wageningen Journal of Life Sciences*, Vol. 55, No. 4, May 2008.

[259] Furubotn E. G., Pejovich S. Property Rights and Economic Theory: A Survey of Recent Literature. *Journal of Economic Literature*, Vol. 10, No. 4, December 1972.

[260] Grossman S. J., Hart O. D. An Analysis of the Principal-agent Problem. *Econometrica*, Vol. 51, No. 1, January 1983.

[261] Grossman S. J., Hart O D. The Costs and Benefits of Ownership: A Theory of Vertical and Lateral Integration. *Journal of Political Economy*, Vol. 94, No. 4, August 1986.

[262] Hall R. E., Jones C. I. Why Do Some Countries Produce So Much More Output Per Worker Than Others? *The Quarterly Journal of Economics*, Vol. 114, No. 1, February 1999.

[263] Hayami Y. & Ruttan V. W. *Agricultural Development: An Inter-*

national Perspective. Baltimore, Md/London: The Johns Hopkins Press, 1971.

[264] Hellin J., Lundy M., Meijer M. Farmer Organization, Collective Action and Market Access in Meso-america. *Food Policy*, Vol. 34, No. 1, February 2009.

[265] Holmstrom B. Moral Hazard in Teams. *The Bell Journal of Economics*, Vol. 13, No. 2, Autumn 1982.

[266] Kawagoe T., Ohkama K., Bagyo A. S. Collective Actions and Rural Organizations in a Peasant Economy in Indonesia. *The Developing Economies*, Vol. 30, No. 3, September 2010.

[267] Lichbach M. I. What Makes Rational Peasants Revolutionary? Dilemma, Paradox, and Irony in Peasant Collective Action. *World Politics*, Vol. 46, No. 3, April 1994.

[268] Lucas Jr R. E., On the Mechanics of Economic Development. *Journal of Monetary Economics*, Vol. 22, No. 1, July 1988.

[269] Mlachila M., Tapsoba R., Tapsoba S. J. A. A Quality of Growth Index for Developing Countries: A Proposal. *Social Indicators Research*, Vol. 134, No. 2, November 2017.

[270] Nelson R. R. *An Evolutionary Theory of Economic Change*. London: Harvard University Press, 1985.

[271] North D. C., *Institutions, Institutional Change and Economic Performance*. London: Cambridge University Press, 1990.

[272] North D. C., Thomas R. P. An Economic Theory of the Growth of the Western World. *The Economic History Review*, Vol. 23, No. 1, April 1970.

[273] North D. C. & Thomas R. P. *The Rise of the Western World: A New Economic History*. London: Cambridge University Press, 1973.

[274] Romer P. M., Endogenous Technological Change. *Journal of Political Economy*, Vol. 98, No. 5, October 1990.

[275] Romer P. M. Increasing Returns and Long-run Growth. *Journal of Political Economy*, Vol. 94, No. 5, October 1986.

[276] Ruttan V. W., Hayami, Y. Toward a Theory of Induced Institutional Innovation. *The Journal of Development Studies*, Vol. 20, No. 4, January 1984.

[277] Rutton V. W. *Induced Innovation: Technology, Innovation and Development*. Baltimore: Johns Hopkins University Press, 1978.

[278] Schultz T. W. Institutions and the Rising Economic Value of Man. *American Journal of Agricultural Economics*, Vol. 50, No. 5, December 1968.

[279] Schultz T. W. The Value of the Ability to Deal with Disequilibria. *Journal of Economic Literature*, Vol. 13, No. 3, September 1975.

[280] Sen A. *Collective Choice and Social Welfare*. London: Harvard University Press, 2017.

[281] Sen A. Labor Allocation in a Cooperative Enterprise. *Review of Economic Studies*, Vol. 33, No. 4, October 1966.

[282] Staatz J. M. Farmers' Incentives to Take Collective Action via Cooperatives: A Transaction Cost Approach. *Cooperative Theory: New Approaches*, Vol. 18, January 1987.

[283] Österberg P., Nilsson J. Members' Perception of Their Participation in the Governance of Cooperatives: The Key to Trust and Commitment in Agricultural Cooperatives. *Agribusiness: An International Journal*, Vol. 25, No. 2, April 2009.

[284] Todaro M P. A Model of Labor Migration and Urban Unemployment in Less Developed Countries. *The American Economic Review*, Vol. 59, No. 1, 1969.

[285] Williamson O. E., Comparative Economic Organization: The Analysis of Discrete Structural Alternatives. *Administrative Science Quarterly*, Vol. 36, No. 2, June 1991.

[286] Williamson O. E. The New Institutional Economics: Taking Stock, Looking Ahead. *Journal of Economic Literature*, Vol. 38, No. 3, September 2000.

[287] Wu K. *Efficient Scheme on Differentiation and Transformation of Rural Collective Economy*. London: Informatics and Management Science IV. Springer, 2013.

[288] Ye J., Wang Y., Long N. Farmer Initiatives and Livelihood Diversification: From the Collective to a Market Economy in Rural China. *Journal of Agrarian Change*, Vol. 9, No. 2, March 2009.

后　　记

本书是在我的博士学位论文基础上修改而成的。在即将以专著形式出版之际，我要由衷地对帮助我完成博士研究生学业和博士论文写作指导的恩师及家人表示感谢。

我要感谢我的恩师赵德起教授。遇见赵老师是我的幸运，硕博六年，恩师低调刻苦的品质深深影响了我。不论是学习上还是人生道路选择上，恩师的高瞻远瞩都给予了我无限的帮助和支持。三年时间过得很快，成长，就在那日复一日中发生。我经常回顾是什么支撑着我走到了这里，有多少双手曾帮助与扶持过我，又有多少双眼默默关心与支持着我，人生每一步路都算数，但不能忘了每一步曾经帮助过你的人。

在我的论文答辩和评审过程中，有幸受到林木西教授、马树才教授、张虹教授、和军教授、张华新教授的教诲和指导，他们提出的许多宝贵意见，对我论文的修改大有裨益。

我要感谢我的父母，考研那两年的艰苦奋战是我陪伴你们最长的时间，是你们的信任让我有了前进的动力。我还要感谢我的先生，是你的暖心陪伴让我化解了读博时心中的苦闷。

读博是一场孤独的人生挑战，读博是一场盛大的人生逆旅。读博三年，我的生命力更加丰富、更加坚韧、更加顽强，让我知道如何在纷繁复杂的世界中保持自己那一颗初心。正是因为经历了这些，我才能以宽容和敬畏之心对待一切，才知道现在拥有的是多么珍贵。本书出版受到辽宁省社会科学规划基金办公室、辽宁省社会科学规划基金青年项目"辽宁省数字赋能乡村产业融合的机制及对策研究"（L21CJY013）和

2021年度辽宁大学青年科研基金一般项目"要素市场化配置推动农村集体经济发展的机制、路径与对策"（LDQN2021009）的资助。博士毕业也只是一个新的开始，结束一件事，意味着去往更高的地方接受更难的考验，题永远越做越难，相似的感受重复袭来，一劳永逸从未出现。但是我却希望能够一直在这个自己曾经奋斗的地方继续奋斗下去……